Girls, You Can't be Smart All the Time

# 女人，妳不能老想當聰明人

郭書渝 編著

Princess
每個女孩都是一位公主

裝傻，聽起來好像有一點假

一個太聰明的女人，會讓男人感覺對她們很難掌控，男人因此沒有安全感
而一個笨女人讓男人覺得在感情上享有主導權，他們就會感到滿足

其實，這是聰明女人獲得幸福的好方法

自信是寶貴的資本，值得為它投資
當一個快樂的女人
Women Investments

聰明的「傻」女人懂得用欣賞而非嫉妒來對待同伴

人生視野：28

# 女人，妳不能老想當聰明人

編　　著　郭書渝
出 版 者　大拓文化事業有限公司
執行編輯　林于婷
美術編輯　翁敏貴

總 經 銷　永續圖書有限公司
劃撥帳號　18669219
地　　址　22103　新北市汐止區大同路三段一百九十四號九樓之一
TEL　(〇二)八六四七—三六六三
FAX　(〇二)八六四七—三六六〇
E-mail　yungjiuh@ms45.hinet.net
網　　址　www.foreverbooks.com.tw

CVS代理　美璟文化有限公司
TEL　(〇二)二七二三—九九六八
FAX　(〇二)二七二三—九六六八

法律顧問　方圓法律事務所　涂成樞律師

出 版 日◇二〇一二年六月





國家圖書館出版品預行編目資料

女人，妳不能老想當聰明人 / 郭書渝編著. -- 初版.
-- 新北市 : 大拓文化, 民101.06
面 ;　公分. -- (人生視野系列 ; 28)
ISBN 978-986-6145-72-8(平裝)
1.自我實現 2.生活指導 3.女性
177.2　　101007130

# 前言

想做一個真正聰明的女人，要懂得適時裝傻的道理。

無論什麼時候，外表迷糊而內心機敏的女人，才是真正聰明的人。莎士比亞說過：「裝傻裝得好也是要靠才情的；他必須窺伺被他所取笑的人們的心情，瞭解他們的身份，還得看準了時機；然後像窺伺著眼前每一隻鳥雀的野鷹一樣，每個機會都不鬆懈。這是一種和做聰明人的藝術一樣艱難的工作。」表面的麻木和愚懦的背後，其實是潛藏著過人的機智。對於女人來說，做到這一點更加重要。

會裝傻的女人能夠在事業上少樹立敵人、多結交朋友；會裝傻的女人能夠在愛情上少些煩惱、多些快樂；會裝傻的女人能夠在社交上少些尷尬、多些友誼；會裝傻的女人能夠在婆婆面前少些摩擦、多些和睦……

可以說，魅力爲女人帶來生命新的希望和活力，而裝傻的智慧給女人更多的安全感和發展空間。我相信，每一位閱讀過本書的女性朋友都可以成爲真正的聰明女人，都能夠更加積極地、勤奮地、有效地、堅持不懈地、揚長避短地走向聰明女人的行列！

## Clever 聰明的第一步　看準裝傻對象

在父母面前，露出妳的本性　010
在情人面前，展現妳的純真　018
在丈夫面前，袒露妳的寬容　025
在孩子面前，流露妳的疼愛　032
在朋友面前，展現妳的單純　040
在老闆面前，表現妳的敬業　047
在同事面前，顯示妳的配合　055

# CONTENTS

## Clever 聰明的第二步　選對裝傻時機


善用傻笑和寬容化解緊張　064
用傻言傻語引導情人示愛　071
不要自作聰明　079
裝傻，迴避曖昧關係　085
學習阿Q精神　093
勇於追求　099

## Clever 聰明的第三步　發揮裝傻優勢

品嘗人生的真諦，體會裝傻的幸福　108
職場女強人，家裡笨女人　112
柔情，傻女人的殺手鐧　119
拒絕敏感，做粗線條的女人　128
當一隻依人的小鳥　138
傻氣的女人，惹人疼愛　146
鄰家女孩，更有親和力　153
適時傻氣，適時銳氣　160

# CONTENTS

## Clever 聰明的第四步　學會裝傻處世


裝傻處世才是聰明之舉　168
給自己和別人都留點餘地　176
聰明的傻女人，總是看到別人的好　185
即使受到攻擊，也要保持微笑　193
與其僵持不下，不如以退為進　201
即便不如意也能快樂　207
從不記得曾經的傷痛　214

Clever 聰明的第一步

# 看準裝傻對象

**裝傻，聽起來好像有一點假，其實，這是聰明女人獲得幸福的好方法。**

在父母面前，妳裝一下傻，露出妳的可愛笑容；在情人面前，妳裝一下傻，讓他看到妳純真的愛；在丈夫面前，妳裝一下傻，給他一個溫暖、溫馨的家；在孩子面前，妳給予他無微不至的疼愛，一種不計回報的愛；在朋友面前，妳顯示出自己傻傻的堅持、執著，誰都會喜歡這樣的朋友；在老闆面前，妳勤奮工作，埋頭苦幹，讓他看到妳努力的「傻勁」；在同事面前，妳和他們坦誠相對，愉快交談，讓他們感受到妳的詼諧幽默，心無城府。這些，都是一個女人應該做到的，因為做到了這些，妳的生活一定是煩惱不見、快樂不斷。

# 在父母面前，露出妳的本性



當我們逐漸長大成熟，父母也慢慢步入老年。以前是我們依賴父母，而現在角色對調了。但是，父母對我們的愛仍然有增無減，特別是對女兒，常常還是像我們小時候一樣，希望幫我們做決定，希望用自己的人生經驗讓我們少繞彎路。他們的出發點充滿善意和愛意，但卻不自覺的忽視了我們自己的生活體驗。我們做的很多決定，父母常常會以親情的名義干涉。這個時候，身爲女兒的我們該怎麼辦呢？

爭吵肯定是不可取的，人在爭吵的時候總是詞不達意，頭腦也不清晰，只會讓事情越吵越糟，父母也不可能在爭吵過後，立即全力支持我們的決定。

小時候當我們想要一樣玩具的時候，如果父母不願意買，女孩子總是嘟起小嘴跟爸爸媽媽撒嬌，這個時候，很多父母都投降了，一方面被女兒的淘氣和撒嬌逗樂了，另一方面也萬分享受這種爲人父母的幸福。

其實，即使我們長大了，父母還是很喜歡孩子在自己面前撒嬌，這樣不但讓父母回想起我們小時候的可愛模樣，也讓父母強硬的態度軟化許多。所以，當我們的意見和父母不和時，給父母一個嬌憨的傻笑，向父母撒撒嬌，劍拔弩張的態度立刻就會得到舒緩。

梅菱已經重考兩年，都沒有考上自己夢想中的明星大學，但她仍不放棄，希望自己再接再勵重考第三次。但是這次，梅菱的媽媽不同意了，她對梅菱說：「不是只有明星大學才是好，普通大學也可以有所成就。關鍵在於妳自己努不努力，學校倒是其次。」

不過梅菱堅持認為只有考上明星學校，才能實現自己的理想。母女倆互不相讓，總是用強硬的言語來表達自己的觀點，於是每次交談都不歡而散。更嚴重的是，兩個人誰也說服不了誰，埋怨也越積越多，苦惱的梅菱只好找朋友傾訴。

她的朋友已經要讀大三了，她對梅菱堅持重考的決定也不贊同，她說：「我也不贊成妳再考一次，但如果妳認為妳的想法是對的，我會支持妳。可是，妳該好好跟妳媽媽說，不要動不動就發脾氣跟她吵，口氣好一些，撒撒嬌，不要總板著臉，多笑一笑，妳媽就不會生氣了。」真是一語驚醒夢中人。

晚上回家以後，梅菱改變了態度，吃飯的時候就對著媽媽傻笑，笑得讓媽媽覺得莫名其妙，但也把媽媽肚子裡的怒氣笑息了，氣氛一下子就緩和了很多。對於梅菱要不要再次重考的事，母女倆也能心平氣和的討論了。

當我們的意見跟父母有衝突的時候，傻笑是最直接也最有效的化解矛盾的方法。愛我們的父母總是抵擋不住女兒「溫柔的陷阱」。很多時候我們不必爲了強調自己的想法，而否定父母的觀點，只要我們微微一笑，撒撒嬌，父母就會放下自己的堅持轉而支持我們。

淑萍今年已經三十歲了，仍然沒有男朋友，她的父母非常著急。每當有男同事找她，父母就追問淑萍那個人是不是她的男朋友，當得到否定的答案以後，兩個人就開始對淑萍苦口婆心的勸說一番，要她趕快完成終身大事。

其實，淑萍的單身生活非常快樂，優渥的工作待遇讓她有條件做自己想做的事情，業餘時間被她安排得多彩多姿，她很享受這種自由自在的生活，並不覺得生活中一定要有男朋友的存在。她的這種想法更讓父母擔心了，生怕她過了三十五歲還是待在家裡的老姑娘，於是就不停的拜託親朋好友替淑萍介紹對象。頻繁的催促和連番的勸說令淑萍不勝其煩，最後還搬出了父母家，自己在外面租公寓，這讓淑萍的父母很傷心。後來，淑萍搬回來了，但是她對相親的敵對態度讓家裡的氣氛很緊張。

其實，只要淑萍摟著爸媽的肩膀，對他們撒嬌，露出無辜的笑容，跟他們說：「我就是想多陪陪你們呀，以後結婚了就沒那麼自由了，現在趁沒結婚還可以逗你們開心，多好呀！」只要把對抗的態度換成這句話，相信再強硬的父母也會軟化下來，與女兒共享天倫之樂。

自己的父母會和我們產生矛盾，而丈夫的父母必然也會有和我們意見相左的時候。

小韻在一間學校當英語老師，她跟男朋友也已經結婚了，只是還沒有辦喜宴。目前看來，小韻的生活是完美的，工作穩定、感情甜蜜。

最近，主管通知小韻，學校準備派她到日本的一所學校進修學習，為期一年。這是個很好的機會，讓小韻雀躍不已，興奮的將這個消息告訴了丈夫。但令小韻始料不及的是，丈夫的父母不同意小韻出國。他們認為，小韻和兒子都不小了，得抓緊時間辦喜宴，然後懷孕生子。

這讓小韻很為難，一邊是良好的工作發展機會，一邊是公婆的反對，放棄哪一邊都是對生活的一個打擊。不過小韻明白，公婆的觀點是不可能透過一次討論就能轉變的，所以，她並不急於解釋自己的立場，而是微笑的聽完他們的意見，然後傻笑接納，這次談話的鋒芒就這樣被小韻的笑容遮蓋掉了。最後，小韻還是透過丈夫說服了兩位老人家，她不但沒有失去工作上的機會，反而還得到公婆的加倍喜愛。透過這件事，他們更加覺得小韻識大體並討人歡心。

眾所皆知，與公婆的相處更是需要技巧和方法，所以聰明的女人得以幸福的生活，有效祕訣就是迷人可愛的傻笑，小韻的故事便說明了這一點。如果她一聽到公婆反對的聲音，就急不可待的表明自己的立場，強調自己不能失去這個發展的好機會。那麼，再好的理由他們也是聽不進去的，即便小韻再三強調自己一年以後會專心做一個妻子都是於事無補的。

因爲強硬的態度已經讓公婆關上了傾聽的耳朵，鎖上了溝通的心。在這種情況下，小韻的任何努力都不會奏效。相反地，只是一個傻傻的微笑，就已經是兩全齊美的結局。

生活中的重大決定我們可以用傻笑來爲自己贏得支持，而生活中的許多小事情也是如此。比如穿的衣服、吃的東西、作息時間、消費觀念等等，這些都很有可能跟父母的觀念發生衝突，每當這個時候，我們對爸爸媽媽多傻笑一下，就會發現親情是那麼貼心和幸福。

# 在情人面前，展現妳的純真

有這樣一種說法：「當聰明的男人遇上聰明的女人，結果等於戰爭；當傻男人遇上聰明的女人，結果等於緋聞；當聰明的男人遇上傻女人，結果是結婚。」

這裡的傻當然不是指笨，而是在提醒天生聰慧的女人們，想獲得幸福，在適當的時候要學會「裝傻」，能理解他在說什麼，卻永遠不會表現出比他懂得更多，看得更遠；能看到他的錯誤，卻永遠不會當面指責，而是找個台階讓他下，巧妙的轉換話題，更是生活的大智慧。

一個太聰明的女人，會讓男人感覺她們很難掌控，男人因此沒有安全感；而一個笨女人讓男人覺得在感情上享有主導權，他們就會獲得成就感並且滿足。

佳靜是家裡的獨生女，從小在父母的寵愛下長大，每件事都順著她，在她所受的教育裡，外界是一個美好的理想化世界。佳靜的家庭條件只能算小康，卻被寵得有如大家閨秀般矜貴。

不過佳靜自己很爭氣，大學畢業後拿到了國外一所學校的全額獎學金，但是學成歸國後，找到的第一份工作卻頻頻碰壁。過於理想化的處世態度，處理不好和上司之間的關係，還天真的以為上司可以和下屬成為無話不談的朋友，對於同事之間的一些鬥爭，也是完全不能理解，總是被當成犧牲的炮灰。可是這麼一個不懂人情世故的傻女孩，工作後第三年就嫁人了，丈夫還是上司的頂頭長官。

這是爲什麼呢？如果問男人喜歡什麼樣的女孩子，雖然有各種類型，但都有一個共同的特點，就是可愛和傻氣。有一點笨笨的女人，總是得到男人的垂青。像上面例子裡的佳靜，她的傻和純真就給她帶來了意想不到的幸福，雖然這個例子不具有普遍性，但我們可以得到很多啓示。

有些女人才貌雙全，在生活中無所不能，在職場上叱吒風雲，卻往往讓人退避三舍、敬而遠之。不可否認，她們才華洋溢、知識淵博，可是與她們相處時，卻發現這樣的女人一點也不懂得內斂；有的聰明睿智，當別人在談話中犯了知識性或是邏輯錯誤時，馬上一針見血的道破；有的說話方式太過強硬，咄咄逼人令人受不了；有的在表述一個觀點或是反駁別人的意見時，總是口若懸河、直抒己見，也不管別人是否能接受；有的只不過因爲別人對某件事看法不同，便毫不留情的駁斥。

特別是在很多人的場合裡，當別人談興正濃的時候，她半路殺出、搶盡風頭，卻不管是否使別人沒面子。擁有這種鋒芒畢露的性格，無論男女，都會讓人受不了。所謂聰明反被聰明誤，這尤其是聰明女人的大忌。

真正聰明有大智慧的人，其實一直不顯山露水，只有那種滿腹小聰明的人，才會飛揚跋扈、肆無忌憚的賣弄。聰明的男人，聰明是他的祕密武器，不到關鍵時刻，不輕易拿出來；聰明的女人，學會把聰明用在事業上。而在愛情中，在情人面前，懂得「裝傻」才是幸福之道。

男人喜歡笨女人，但是這種笨，不是什麼都不懂的笨，而是情感上的笨。三分姿色、七分什麼都不識，見到這樣的笨女人，男人會擁有一種強者優勢，忍不住想要照顧她、疼愛她、保護她。笨女人，也能讓男人在面對工作和社會上的爾虞我詐之後，有一個放鬆的地方，不用擔心妳會耍心機，也不用擔心妳的過於敏感會對他產生懷疑。

當恐怖電影出現最驚悚的畫面時，即使妳不害怕，還是要抓緊男人的手裝出驚恐的樣子。男人就會覺得自己今天精心的安排奏效了。記得晚上回家後還要打電話給他，告訴他妳很害怕所以睡不著，讓男人在電話那頭一邊哄著一邊入睡。

如果遇到委屈，千萬不要滔滔不絕的在男人面前抱怨，怨婦從來都不受歡迎，但是一定要哭，妳可以什麼都不說，用眼淚讓他更心疼。

不必什麼事情都知道該怎麼做，可以在必要的時候擺出無助的表情拜託他，讓他知道自己被妳需要。

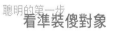

妳可以幫不上他的忙，但哪怕是笨手笨腳的幫他做點什麼，有這份心，男人就會很感動。男人會一邊親暱的叫著「小笨蛋」、「小迷糊」，摸摸妳的頭髮把事情都攬到自己手上。妳可以堅持對現實抱有不切實際的想法，男人會願意守護妳這份理想主義。

讓情人看到妳的純真，爲妳們的愛情增加黏合劑。有時候，即使知道了事情的真相也不妨「裝傻」。對情人妳不必盯他太緊，不必疑神疑鬼。情人就像手中的風箏，鬆一鬆手中的線，他會飛得更高、更遠，適當的拉一拉手中的線，可鬆可緊，可長可短，這就要靠女人的聰明智慧來拿捏，如果不想放棄這段感情，那就不要放掉手中的風箏線。

有時情人撒了謊，不必刻意去揭穿他，更不要和他拚命，就算妳眼光銳利，洞悉一切，妳也可以詭祕的笑著說：「我只是擔心你。」言下之意是我已經知道，不打算追究。特別是有別人在場的時候，妳一定要給足他的面子，維護他在同事或朋友面前「高大光輝」的形象。

日劇《戀愛世代》裡的理子愛上了哲平，儘管多次知道哲平過於關心另一個女孩，知道哲平瞞著她和別的女孩見面，她仍是把委屈埋在心裡，仍然展現純真在情人面前，最終，她的純真和大器為自己贏得了幸福和愛情。

在日常生活中我們也會遇到這樣的情況，這不是說女人要一味的忍讓，而是不要太過斤斤計較，計較愛情裡的每一分得失，適當的時候傻一點，糊塗一點，這樣我們的愛情才能有呼吸的機會，有不斷升溫的空間。

# 在丈夫面前，袒露妳的寬容

婚姻是愛情的墳墓，這句話很多人都聽過。但是，事在人爲，女人們如果用心經營自己的婚姻，婚姻就會變成愛的城堡，爲我們擋風遮雨，隔絕外界的紛擾，給我們溫暖和獨特的風景。

夫妻的相處之道是家庭幸福的首要條件。

星期天，妻子和丈夫都在家。妻子整裡小茶几的時候，一不小心把丈夫放在上面的茶杯摔破了。偏偏這套茶具是丈夫的同學從國外帶回來送給他的，丈夫非常珍愛，平時都捨不得用，沒想到竟被妻子摔壞了，當場臉就沉下來了。妻子的心也跟著一沉：「不就是個杯子嗎！看你心疼的，好像我連個杯子都不值！不要在外面受了氣，回來就擺臉色給我看，拿老婆當出氣筒算什麼英雄好漢，再威風也威風不到哪去。」妻子一番冷嘲熱諷讓丈夫更生氣了：「嫌我沒本事？我就是沒本事！妳自己看著辦吧！外面有本事的男人多的是，遺憾的是妳沒享福的命。」妻子也不甘示弱：「那可不一定，說不定哪天我就找個有本事的男人給你看看。」隨著情緒的失控，雙方偏離了就事論事的原則。

丈夫拿起水瓶就摔，妻子更是開始毫無理智的哭罵：「摔吧，有種就把東西都摔光！」雙方互不退讓，妻子的咄咄逼人更讓丈夫摔的東西越來越貴重，直到摔了昂貴的家庭劇院式液晶電視。

其實，只要妻子一開始就寬容對待丈夫拉長的臉，對丈夫撒個嬌，說些好聽的話，這件事不至於發展至此。在現代婚姻裡，女人不能真傻。一個女人太弱，就會被男人瞧不起，但是像個母夜叉般強勢，並對男人的大小事情都要掌控，男人絕對逃之夭夭，兩人的關係就容易惡化。

這個故事告訴我們，在家庭瑣事上面，妻子要學會乖巧，學會控制自己的情緒，裝個傻，不要過於強硬和強勢，這樣才有利於家庭團結和幸福。

隨著社會的發展，女性的地位越來越高，也越來越能發揮自己的潛力，現在社會上就有著不少的「女強人」。女強人往往缺少女性的溫柔體貼，常常事業家庭不能兼顧。這種狀況可不可以得到改變呢？

女強人想獲得婚姻的幸福是有祕訣的，那就是裝傻。即使在職場上再叱吒風雲，回到家還是記得做一個裝傻的小女人。

小玉以前是一名教師，後來辭去了工作，和朋友一起開起了冰淇淋連鎖店。她本來也只想賺點小錢，貼補家用，哪知道店經營得越來越好，三年內開了六家連鎖店。小玉一躍成為身價不菲的女老闆。而丈夫，三年內從普通職員升上公司中層管理人員。雖然進步也是很大，但是和小玉比起來，便是小巫見大巫了。

雖然兩人之間的收入差異越來越懸殊，可是小玉卻把自己的婚姻也經營得很好。

在連鎖店發展的許多決策上，小玉都會虛心向丈夫請教，讓丈夫與自己一起出謀獻策，即使有時候自己已經打定主意了，她還是會和丈夫商量，請丈夫幫忙，然後在談話之間悄悄引導丈夫，讓丈夫把她本來就想好的辦法說出來，再對丈夫加以讚賞，表揚丈夫幫了大忙。丈夫也一直相信連鎖店的成功，並不單單是小玉的力量，某些程度上也是因為有了自己的指導策略。

小玉還喜歡在丈夫面前哭窮，看到喜歡的包包衣物之類的，對丈夫撒嬌纏著丈夫送給自己，她得到禮物，心裡開心得不得了，而丈夫也享受在妻子的撒嬌之中，兩個人都得到了滿足；每次外出，她總是讓丈夫開車，即使自己駕駛技術了得；在朋友的聚會中，她會拋下自己女強人的形象，儼然表現出一個家庭主婦的樣子為丈夫的朋友端茶倒水，照顧得十分周到。

小玉還說，很多時候，不只要裝傻，要真傻。像家裡有些事情，小玉就從來不學著做，每一次都依賴著丈夫。雖然丈夫每次會囉嗦著為什麼妳自己不學之類的話，但還是有求必應。小玉知道，保留對丈夫的依賴，可以讓他們的生活更加的和諧，這也讓丈夫更覺得自己被妻子真正需要著。

因爲男人自己的好強心，會讓男人不想在女人之下，如果一個女人在事業上強於男人，會讓他覺得自己是失敗的、懦弱的，在這種心理的促使下，女人以家庭爲主比較妥當。

而女強人大多在事業上付出了太多精力，在公司中習慣了對別人發號施令，回到家也改不了對丈夫頤指氣使。更過分的，還會在丈夫面前表現出趾高氣揚的上司氣勢，一會說這樣不行，一會指責那樣不對，還喜歡拿丈夫和別人比較，用其他男人的優秀來貶低丈夫，還要假裝說這是恨鐵不成鋼。

遇到這樣強勢的妻子，沒有男人能受得了。雖然社會已經男女平等，但是大多數自立自強的男人還是希望以自己寬厚的胸懷來照顧、保護女人。

英國前首相柴契爾夫人在政治外交上都是一副強者姿態，人稱「鐵娘子」，讓許多男人自嘆不如，可是在工作之餘仍然爲老公洗衣做飯，儼然一副賢妻良母形象。美國前第一夫人希拉蕊，在競選中大出風頭，幾欲奪下總統寶座，現在擔任美國國務卿，也是個精明能幹的女強人，可是當她挽著自己的丈夫時，依舊是一副溫柔模樣。

女強人不管再厲害，也不要忘記女人的本質優點，那就是柔。以柔克剛，只有柔情、柔弱才能打敗男人，把男人牢牢的控制在手裡。學會「表裡不一」，內剛外柔，心理上要獨立，事業上要進取，而在婚姻生活上，不忘表現出對男人的依靠，讓男人有當家作主的感覺，覺得妳需要被他領導，讓男人獲得這樣的優勢心理，以滿足他們的自尊心。做到了這點，即使女人在事業上再強勢，男人捨不得不疼妳這需要他保護的嬌妻。

# 在孩子面前，流露妳的疼愛

在二〇〇八年的汶川地震中，救援人員發現了這樣一位母親——救援隊發現她的時候，她已經沒有了呼吸。透過一堆廢墟的間隙，可以看到她雙膝跪地，整個上身向前匍匐著，雙手扶地支撐著身體，救援人員從空隙伸手進去，確認她已經死亡，又衝著廢墟大聲呼喊，沒有任何回應。震後還有許多人在等待著救援，救援隊走向下一處廢墟時，隊長好像意識到什麼，忽然返身跑回來，他費力的把手伸進她的身下摸索，高聲大喊：「還有個孩子！他還活著！」

一番艱難的努力挖鑿後，人們終於把孩子救了出來。他躺在一條紅底黃花的小被子裡，大概有三四個月大，因為有母親的身體庇護，孩子毫髮未傷。

隨行的醫生過來準備替嬰兒做檢查，發現有一支手機塞在被子裡，醫生下意識的看了一下手機螢幕，發現上面寫了一則訊息：「親愛的寶貝，如果你能活著，一定要記住我愛你。」看慣了生離死別的醫生，在這一刻落淚了，手機傳遞著，每個看到訊息的人，都流淚了。

這位年輕的母親，用自己的生命保護了自己的孩子。為了讓孩子知道自己是被愛的，她給孩子留下了這樣一句簡單卻深情的話。如此一句話，一定會為她的孩子在懂事以後帶來無限幸福和力量，這是母愛無與倫比的力量。

告訴孩子，妳愛他，讓他知道自己是被愛的，無論是對孩子還是母親都是非常重要的。

幾乎所有的父母都在努力爲孩子創造美好的生活，都想把家打造成孩子的幸福天堂。但很多人卻用錯了方法，當他們使勁往家裡搬來豪華傢俱的同時，不經意間把家的氣氛搞壞了，讓家動不動就變成了夫妻吵架打罵的「戰場」，一座冰冷、沒有生氣的宮殿。孩子本來該擁有的幸福，在這樣的家庭中卻流失了不少。

台灣著名學者傅佩榮先生說：「人若沒有一個好的家庭環境，就很難展開一個正常的生命。」這句話對做父母的有很深的啓發意義。

有一對夫妻都是很不錯的人，先生在公司是領導階級，太太漂亮能幹，在一家不錯的國營企業上班，還有一個兒子。他們的生活，看似是溫馨小家庭，實則是戰場。兩個人「三天一小吵，五天一大吵」，連鄰居都知道他們的這個壞習慣。

兩個人個性都好強，誰也不讓誰。其實，這位太太也說過，吵架的原因也沒有什麼大事，不是為了工作的事情，不然就是為了孩子的課業。兩個人觀點不一就大動干戈，吵完了都愛面子，開始冷戰，誰也不願意先低頭。吵了近二十年，其實也沒有太大的疙瘩，可是兒子的問題卻成了他們最心痛的事。

孩子在這樣的家庭氣氛中一直生活得膽戰心驚，他不知道父母什麼時候又會吵架，因此變得神經質、敏感，不論在什麼場合下，誰說話聲音稍高一些，他就表現出驚恐、不安。孩子從小就特別希望爸爸或媽媽有一個不在家，因為那樣家裡就有幾天得以安寧了。

現在這個孩子已經升上國三，在父母不斷爭吵和冷戰中，他性情憂鬱，脾氣暴躁，成績很差，每天就是混日子，讓父母頭痛得要命。夫妻兩人現在最擔心的就是孩子將來考不上大學，不能獨立。

他們現在更發憤地賺錢，希望能為孩子賺夠一輩子也用不完的財產。但無論賺多少錢，他們考慮到孩子的問題時都沒有安全感、成就感。

兒子的遭遇令人心疼，父母爲了自己的面子或逞一時口舌之快，而沒有管好自己的情緒，沒有對兒子展現應有的疼愛，造成了孩子性格上的缺陷。

家庭是孩子形成社會性格，最原始也是最重要的地方。父母必須給孩子一個正常、健康的港灣，孩子將來在社會上才會有正常的社交經驗，並藉由人際交往帶來收穫。而最重要的途徑，就是給孩子無私的愛，給孩子一個溫暖的家。

莉雯和先生經常發生衝突，但在這種情況下他們會避開女兒，在兩人之間盡快把問題解決；若避不開，也會盡量克制自己，至少不讓爭吵嚇到孩子。有時候也會請女兒出來主持公道，他們相信孩子的看法往往比較客觀。他們誠心的傾聽女兒的看法，從孩子觀察的角度來發現自己的問題。

雖然女兒小時候常常「不公正」，不自覺的偏向莉雯，但至少能讓先生意識到，自己在孩子面前的形象、觀感，便會主動認錯。而莉雯對先生也會經常讓步，如果發現先生已經滿腔怒火，或是為了盡快結束爭吵，莉雯就會把自己的「原則」和「理由」都拋一邊，主動認錯，跟先生和解。他們的爭吵向來都是速戰速決，絕不拖到隔天，不讓低氣壓籠罩在家裡。

莉雯對女兒的愛顯然是理智而有益的，父母的行為讓孩子看到，人與人之間有些矛盾是正常的，重要的是以何種態度解決。更有意義的是，莉雯用自己的行動潛移默化的為女兒帶來了積極的影響。

上帝答應給亞伯拉罕及其後裔的土地（土地常常是母愛的一種象徵）被描寫爲「到處都流動著奶和蜜」。在那裡「奶」相當於「愛」，是關心和肯定的象徵；「蜜」則象徵著生命的甜蜜、生活的幸福和對生命的熱愛。大多數母親都能夠給予「奶」，但只有少數母親能夠給予「蜜」。

爲了能給孩子「蜜」，一個母親不但必須是一個「好媽媽」，而且必須是一個幸福的媽媽；母親對生命的熱愛會像她的焦慮一樣感染孩子，這兩種態度都對孩子的成長人格有著深遠的影響。

在我們的生活中，人們可以在孩子以及成年人中間區別出哪些人只得到了「奶」，而哪些人同時得到了「奶」與「蜜」。

媽媽創造了一個孩子，不僅有責任給他身體賴以成長的「奶」，還要給他心靈滋潤的「蜜」。房子可以小一些，傢俱可以舊一些，電器可以少一些，但愛和親密，完全不可少。

# 在朋友面前，展現妳的單純

女人需要女性朋友嗎？

二十歲的時候，答案是無所謂，那時候女孩們有一大票的哥兒們，感情也不能說是不好。但是慢慢地，等大家都長大了，開始面對社會，開始談戀愛，成家立業了，關係也就漸漸疏遠了。

妳的男朋友未必能接納妳的男性朋友，而男性朋友的女朋友也未必會接受妳。君子之交並沒有問題，但是也許有一天，妳會發現，當妳真的有事的時候，妳翻遍身邊所有哥兒們的電話，他們不是有家室，就是有公事，要麼就是不方便，就連那曾經說好一輩子不結婚、老了互相照顧的死黨，也忙著去結婚了。

當然，妳也可以說，我有老公，有孩子就足夠了。但是，男人和女人真的是來自不同星球的兩種生物。他們使用著不同的語言，因爲大家身體構造本來就不相同，所以從理論上來說，男人無法真正瞭解一個女人，無法讓他體會懷孕的女人爲什麼會焦慮，無法讓他懂得妳對衰老的恐懼，無法讓他理解有一天妳老了的時候，妳在更年期的不可理喻。

美國心理學家米勒博士在一次調查報告中公布，百分之八十七的已婚女人和百分之九十五的單身女人，她們認爲同性朋友之間的情誼是生命中最快樂、最滿足的部分，這種情感關係也是最深刻的，爲她們帶來一種無形的支持力量，就像空氣般不可或缺。西方心理學家也指出，擁有穩固的同性朋友是現代女性健康生活最重要的方式之一。

三十歲以後的女性進入生命歷程的多事之秋，結婚、生育這些新的經歷會帶給她們許多從未有過的體驗，當然，煩惱和困惑也隨之而來，包括對同性的感覺也會發生變化。絕大多數女人會對同性產生信任和依賴的感情，因爲這是一個與自己完全相同的群體，她們能夠理解和體會妳的所有情緒，並給予妳最貼近的關懷和幫助。排解煩惱、紓解壓力，常用的方法就是找同性朋友傾訴。分擔大於分享，可以說是女性友誼的最大特點。

米勒博士並鼓勵女性把同性友誼列入到各項事情的優先考慮首位。他說：「親密的關係，作爲一種預防性措施，一種對於免疫系統的支持，能夠降低疾病對妳的威脅，無論是頭疼還是心臟疾病以及各種嚴重的身體失調等等。也就是說，一個人要保持身體健康，不僅需要鍛煉身體和正確的飲食，同時更需要加強對友誼的維繫；由於女人和同性之間的溝通更開放、自然，並且能夠給予對方同等的回饋，所以這種親密關係，更容易在女人和女人之間產生。

有時看著那些連說話都有點結巴的女人，卻不知道使用哪種手段得到這麼好的人際關係，心裡實在有些不平衡。而對於人際關係苦心經營，總是想做到八面玲瓏的妳，反而不及她來得受歡迎。

因爲妳實在沒有看透，那些女人受歡迎的訣竅，就在於「傻」。即使玩盡各種手段，用各種禮物進行討好，倒不如好好裝一次傻來得有效。

傻女孩單純，以她們的EQ，實在是玩不起心機，所以和這樣的傻女孩在一起特別輕鬆。社會越來越趨於爾虞我詐，時時刻刻不得不提心吊膽是不是又有陰謀發生，實在很累。但是若和傻女孩在一起，大可不必這樣，傻女孩能顧好自己不被別人「賣掉」就不錯了。

所以女人們會希望自己的朋友中有這麼一個傻女孩，她會在妳需要的時候不計較得失陪伴著妳。女孩子往往在交往中最容易計較得失，比如：「上次妳沒有陪我去逛街，今天我也不願意陪妳去剪頭髮。」哪怕是在這麼簡單的小事情上，也有些人喜歡斤斤計較。但是傻女孩們不會，與其花時間計較這些毫無意義的事情，還不如去想想怎麼讓自己的朋友開心一點。

朋友的妹妹小潔，從小就成績優秀，但是在為人處世上有些傻裡傻氣，所以與許多高傲的資優生不一樣，一點架子都沒有的傻女孩，從小就是班上的人氣王。她對於朋友們的要求總是有求必應，從一起去洗手間，一起去福利社，到假日一起去逛街。在升學的壓力下，別的資優生都是一寸光陰一寸金，討厭別人耽誤自己唸書的時間。

小潔卻不一樣，每當別人有問題請教她，不管是誰，無論是不是平時和她關係好的人，她總是會一遍又一遍耐心的講解，直到別人瞭解為止。有時候朋友會跟小潔說：「現在時間都這麼緊迫了，再說妳和他又不熟，直接讓他們去問老師就好了。」她只是推推鼻樑上的眼鏡，傻傻的微笑著。

小潔總是為別人著想，自己的事卻很馬虎。有時候朋友見她四處找東西，問她找什麼，她說找眼鏡，朋友忍不住笑了，眼鏡明明架在她自己額頭上。

小潔這種對人誠心誠意的單純讓她擁有好人緣，身邊的人都願意和她做朋友，她在幫朋友的同時，也讓朋友很願意幫她。她的交際圈越來越大，也越來越友好。

裝傻有時候還容易獲得別人的原諒，連自己都不用找藉口。一個平時有點愛裝傻的人即使做出冒犯的事情，也容易得到原諒。因爲她們的

「傻」已經不是一時半刻的事了，尤其犯了錯以後那副既害怕又無辜的表情，沒有人會再去計較什麼了。

不是常常有人說傻得可愛嗎？大概就是形容這種人，連做錯事都沒人忍心責怪，反倒要怪自己不該將事情交給她們。

裝傻，這麼簡單就給自己以後的錯誤留下後路了，是不是有些狡猾但是又很實用呢？只要我們裝傻的時候抱著善良的心，不存傷害他人的心，只求保護自己，其實並沒有什麼不好。

# 在老闆面前，表現妳的敬業

在職場中，敬業的女人是一大魅力。敬業就是專心致力於工作，全力以赴將事情完成。只有對職業有一種敬畏的態度，將自己的職業視爲自己的生命信仰，那才是真正掌握了敬業的本質。當敬業意識深植於我們腦海裡，做起事來就會積極主動，並從中體會到快樂，從而獲得更多的經驗和取得更大的成就。

敬業，顧名思義就是敬重並重視自己的職業，把工作當成自己的事業，抱著認真負責、一絲不苟的工作態度，即使付出再多的代價也心甘情願，並能夠克服各種困難，做到有始有終。

沒有一家企業不希望自己的事業興旺發達；沒有一個老闆不願意得

到一個能幹的員工。具有強烈敬業精神的員工是公司最倚重的人，也是最容易獲得成功的員工。如果妳的能力一般，敬業可以讓妳走向更好；如果妳十分優秀，敬業將把妳帶向更成功的領域。

不過分計較一時的利益得失，保持平和的心態，把自己崗位上的職責做到最好，這是敬業的一個基本要求。一個人只有掌握好一個行業的基本知識，才能有利於自己將來的發展。套句體育的術語：「先把標準動作練好，再追求自選動作上的創新。」

有些工作從表面看，也許索然無味，一旦深入其中，妳就會認識到不同凡響的意義。因此，當老闆交給妳一項極平凡、不起眼的工作時，一旦從它的外在表象中洞悉其中不平凡的本質後，妳就會從平庸的境況中解脫，不再有勞碌辛苦的感覺，厭惡的感覺也自然煙消雲散。當妳圓滿完成這些「平凡」的工作後，妳自然就超越了其他同事，邁出了成功的第一步。

英特爾總裁安迪．葛洛夫應邀到加州大學柏克萊分校演講，他對畢業生發表演講的時候提出了以下的建議：「不管你在哪裡工作，別把自己只當成員工——應該把公司看成是自己開的一樣。」當然，這番話的真正用意並非建議妳對公司的事務頤指氣使，加以干涉，而是希望妳提高自己工作的主動性，換一種積極的態度，思考問題。

著名的IBM公司要求每一名員工都建立一種態度——我就是公司的老闆。在這種激勵下，員工們主動接觸高層管理人員，與上級保持有效的溝通，對所從事的工作更是積極主動的完成，並能保持著高度的工作熱情。

一旦有了這種心態，妳就會對自己的工作態度、方法以及業績，提出更高的要求與標準。只要妳能深入思考，積極行動，很快就會成爲公司中的傑出人物。

站在老闆的角度上思考，可以讓妳受益無窮。老闆之所以稱爲老闆，自然有其過人之處，也自然是優秀之人。向優秀的人學習，揣摩優秀的人是如何思考，以老闆的心態對待工作，妳就會去考慮企業的成長，就會知道什麼是自己應該去做的，什麼是自己不應該去做的，就會像老闆一樣去思考、去行動。

如何敬業，讓老闆知道妳是一個不辭辛勞、賣力工作的人，也是有技巧的。

在老闆面前裝傻，並不是去當辦公室寵物，一嬌二嗔三裝傻。對於自己的工作任務表現不佳，整天只會閒聊打發時間，老闆交代的事情，教了一次又一次還是學不會。這樣的女性職員，就算有著再好的外表，就算再怎麼擅長處理與上司的關係，遲早還是會因爲工作能力不足而被老闆否定。

在老闆面前裝傻，首先要聽從領導者的一切吩咐，不抱怨不埋怨，更不要擅自作主改變老闆的決定，按自己的方法去做。盡心盡力、妥善的完成指派的任務，讓他看到妳的工作能力。但是又不要急於表現自己，就算知道老闆出了錯，也不要當面指正。

尤其是對於新人來說，這點十分重要。新人在老闆眼裡還沒有什麼地位，如果現在發表自己的意見，老闆不但不見得放在心上，還會覺得這個新人沒有禮貌。特別是對老闆的脾氣沒有把握的時候，貿然的表現自己的聰明和過人之處是危險的。

先觀察老闆的個性和工作喜好，即使是碰到一個樂於接受意見的老闆，最好也不要當著大家的面直接向他提出意見，指出他的錯誤，而是在私下委婉的提出來比較適當。作爲老闆，當然是希望自己事事在下屬之上，尤其是工作能力，在下屬面前，老闆最愛面子。一旦妳表現超過他的工作能力，一些事情上處理得比他高明，妳以爲在老闆面前表現了妳的才能，其實才是大錯特錯，因爲妳的過於能幹讓他丟了面子，也失去作爲老闆的尊嚴。

作爲公司的新人，妳不妨先勤奮的工作，老闆交派的任務盡心盡力的完成，並保有品質。如此，老闆才會認識到妳的敬業精神，進而在工作上逐漸對妳委以重任。

一位著名的企業家說過這樣一段話：「我的員工中最可悲也是最可憐的一種人，就是那些一心只想獲得薪水，而在工作中其他方面一無所知的人。」

作為一個獨立的現代女性，工作是人生中不可或缺的一部分，它已不僅是一種謀生的技能，它還是一種全心付出去創造物質財富和精神財富的過程。把工作當成一項成就自己人生的事業去做，這是一種責任、一種承諾、一種精神、一種義務，為了自己的事業而敬業、全力以赴，是讓自己的人生價值無限延伸的正確途徑。

即使在非工作場合，也要給老闆留足面子，讓他始終占據著主導地位，自己則低調應對。發表言論的時候，就算老闆的觀點過於平凡，也記得最好藏起自己那更有觀點的優秀言論。

哪怕只是聚會上和老闆玩遊戲打麻將，也要收起自己的特長，放水放得不留痕跡，讓老闆贏，發揮「手下留情」的技巧。即使老闆在遊戲前一定會說：「大家盡情玩，不要把我當老闆啊，讓我們拋開工作上那些關係，輕輕鬆鬆的玩。」妳若是當真，而讓老闆輸得一場糊塗，他肯定心情不悅。

做個平凡的傻職員，不讓妳的老闆覺得自己不如妳，讓他覺得妳的優秀也是源於他的栽培，這樣妳在職場上反而會獲得更多的發展空間。

# 在同事面前，顯示妳的配合

現在，有些高學歷或名校畢業的人難於找到工作，原因之一就是有許多人自恃學歷高或名校畢業，過於以自我爲中心，不善於與他人合作。而現代的企業恰恰需要有團隊精神的人才，他們難於找到工作，也就見怪不怪了。因此，善於與他人合作是十分重要的，只有取得他人的支持，才能獲得成功。

女性必須掌握與他人合作的方法，不要太自私，事事先想到自己。人應當大公無私，遇事要先想到他人，多關心他人，事業才會有人支持，關心他人也是爲自己事業的成功鋪路。在公司裡，平時爲人處事當中，要注意平等待人，無論其地位高低，只要願意和妳交往，妳都要熱情與他們交往，不要厚此薄彼，那樣不僅顯得自己很勢利，還會惡化妳與同事之間的關係，進而影響妳的形象。

爭取別人的支持，信譽很重要。女性要建立自己的聲譽，嚴守諾言很重要，一旦許下諾言就應盡力去實現，在實現諾言中讓對方認識自己，增加社會交往的信任感。

「天上有彩雲，地上就有陰影。」再優秀的人都會有人埋怨。在公司裡，我們需正面對待埋怨。在與別人的合作中，不會事事都能如人所願，可能不是很順利，甚至失敗了。這樣一來，妳的同事可能會發牢騷，妳最好就裝傻，千萬不要將此事放在心上，再進一步從合作者的「牢騷」中總結經驗教訓，向同事說些安慰的話，自己多承擔一些責任，以便今後合作愉快。千萬不能擺出架子，那是最令人討厭的，將會影響合作效果。

在與同事的相處過程中，胸無城府、毫無心機、多忍讓少爭論也是必要的。如果在同事面前事事都喜歡出風頭，特別是對同事出點小錯就斤斤計較，這樣的人是不會受到歡迎的。

想要取得良好的工作效果，就要與同事交心，把妳的真實想法、計劃告訴同事，不要試圖向合作者隱瞞事情，這樣才能獲得工作上的成功。與同事的相處中，也不要說大話，因爲工作是同事們一起完成的任務，大家的意見一定要一致，否則會影響妳在同事心目中的形象。

有些女性在工作中喜歡攬功推過，喜歡在同事面前表現出自己技高一籌，比別人都要優秀，以爲這樣自己會快速提升，這種做法其實是大錯特錯。

美國的第九屆總統威廉·亨利·哈里遜，出生在弗吉尼亞州的一個小鎮上。他是一個文靜又害羞的孩子，從小就聰慧過人。在他小時候，鎮上的人都把他當作傻瓜，喜歡嘲笑他和捉弄他。因為每次別人同時把一枚五分的硬幣和一枚一角的硬幣扔在威廉面前，讓他任意撿一個，他總是撿那枚五分硬幣。

大家都覺得威廉是個不折不扣的傻子。威廉的父親看自己的兒子這樣受人嘲笑，十分傷心。他對威廉說：「兒子，難道你不知道一角要比五分值錢嗎？」威廉的回答卻讓父親驚訝。「當然知道，」威廉慢條斯理的說，「但是，如果我撿了一角，只怕他們下次就再也沒有興趣扔錢給我了。」威廉的聰明在於用裝傻糊弄了別人，反倒留給自己更多的好處。

在職場上亦是如此，工作上如果有表現的機會，可以先保留一定的實力，在工作能順利完成的情況下多一點點表現，這樣既能表現妳有勝任工作的能力，也不會讓同事因爲妳過分能幹而排擠妳。在有了良好的人際關係之後，妳才能找到發揮能力的機會，一次比一次進步，展現妳的實力也不顯得突兀，不會造成一來就給人「顏色看」的壓力。

裝傻也可以是爲了別人而善意的裝傻。即使妳工作能力很強，也總要給別人一些機會，總不能一個人包辦所有事情。有時候說一句「啊，這件事情我不是很在行，他在這方面很擅長，可以去請教他！」這樣子自己裝傻，把表現的機會讓給同事，他一定會惦記在心裡加以感謝，等妳遇到了困難，便會有人出手相助。在其他人眼裡，把機會白白讓給別人的妳，已經成爲了一個與世無爭的大好人，在辦公室勾心鬥角之中，便會自然而然的忽略妳。但妳若是畏難裝傻，把自己不行的任務推辭到別人頭上，雖然逃避了問題，好像獲得了輕鬆，其實已經讓上司留下了妳能力不好的印象。

除了在工作上配合同事以外，用幽默的語言調節辦公室氣氛，也是贏得和諧人際關係的技巧。幽默是人的智慧和靈感的結晶，幽默風趣在交際中有很重要的作用。它的一個顯著特點是透過輕鬆的形式表現智慧。

一個溫柔、嫵媚、有智慧、善交際的女人，如果同時她也很幽默，會令她的同事感到愉快。這樣的女人無疑是受歡迎的，因此，幽默能爲女人的魅力達到錦上添花的作用。

幽默的心理基礎是樂觀、積極向上的心態。一個悲觀頹廢的人是沒有心情幽默的。要培養自己的抗挫折能力，做事情不怕失敗，即使失敗也要看到事情積極的一面，而不是一味的怨天尤人。真正幽默的人，其實是自信的人，不怕受人嘲笑，而且非常善於自嘲，這種自嘲其實是建立在自信的基礎上的。

幽默的人是智慧的，因爲幽默常常需要機智。而且幽默的人觀察事物有自己的角度，不因循守舊，對事物有自己的看法且觀點新穎。

諾曼庫辛斯在他所著的《剖析疾病》中，講述他爲了戰勝一種讓他備受折磨的嚴重疾病，而堅持的一種療法，它包括大量的歡笑和幽默。歡笑能夠讓悲傷消失，它讓人學會即便身處最嚴峻的局勢，也能舉重若輕，從容應對。它還能幫助妳獲得一些妳非常需要的處事方式。

在工作緊張的辦公室裡，如果妳能夠給同事們帶來歡笑與快樂心情，那妳肯定是辦公室非常受歡迎的人，大家都會喜歡和妳交往。

愛情不是科學，沒有數據可以判斷其好壞，它是情緒生活，是一種感覺；
婚姻是一樁艱難的使命，不能草率的對待，也不能認為理所當然。

# Clever 聰明的第二步 選對裝傻時機

**裝傻不是真的傻，是需要技巧，並且把握時機。**

氣氛緊張的時候，一個傻笑可以緩和氣氛，使大家的相處和諧融洽。情人向妳表達愛意時，妳不妨裝著不知道怎麼回答，用傻笑沉默作為應答，反而會收到意想不到的效果。我們不需要什麼都知道，遇到不會的事情，就大膽的說不知道，有時候迷惑反倒增添女人的魅力。即使妳心中存有別人不知道的祕密，也要讓人感覺到妳的真實，這份真實也要透過「傻」來傳遞。現代社會流行曖昧關係，這種關係使人疲倦，用傻言傻語來迴避曖昧，是最好不過的辦法。當失去機會或遇到喜歡的東西時，傻氣也是我們應對的方法。

# 善用傻笑和寬容化解緊張



近來，網絡上流行著一段關於愛情的話：「愛一個人，要瞭解也要開解；要道歉也要道謝；要認錯也要改錯；要體貼也要體諒；要接受而不是忍受；要寬容而不是縱容；要支持而不是支配；要慰問而不是質問；要傾訴而不是控訴；要難忘而不是遺忘；要彼此交流而不是凡事交代；要爲對方默默祈求而不是向對方提出諸多要求。」

相愛容易相處難，在愛情裡，男女之間只有互相包容寬容，互相體諒對方的習慣，這樣才能有長久的關係。這份寬容，表現於外在，就是在氣氛僵硬緊張的時候，能夠給對方一個傻笑，化干戈爲玉帛，化堅冰爲溫暖泉水。

愛情是這樣，婚姻更是如此。

婚姻和人一樣，存在著不同的週期。婚後的愛情與戀愛時的情形完全不同，它沒有了耀眼的光華，而變得深沉樸實。因此，懂得愛情是會變化的，注意婚姻建設，懂得經營婚姻，不斷增長和更新婚內的感情是非常有必要的。對我們每一個人來說，結婚後怎樣延續戀愛時的浪漫，確實是一個很重要的課題。所以有人說，婚姻是一門藝術，掌握這門藝術是要下些功夫的。

人們每天都在追求幸福，追求幸福的婚姻、追求幸福的感覺。事實上，幸福是一種長久的、穩定的心態。如果我們總是鬱鬱寡歡，沒有一個好的心態，我們當然就不會感到幸福。

其實幸福常在妳的周圍，在妳絲毫沒有察覺的時候出現，又在妳刻意追求中消失。幸福是一種人生態度，而不是目標數字。當妳邊拖地邊聽音樂，或是哼著歌在洗衣服，或是一家人共同進餐時，幸福已經屬於妳了，幸福的感覺就在妳身邊，只是妳沒有用心去留意。

夫妻間要互相珍愛。

家庭的建立，是一個從相愛到相處的過程。看似因果，卻並不是那麼簡單。愛得有聲有色，不代表處得有滋有味，既能相愛又能相處那才是幸福。不過這種幸福並不是召之即來的，更不會常駐某個家庭或永遠賜予某個人，那是夫妻雙方共同努力的結果。

相愛是一種激情的流露，相處卻是生活的真實，它平淡無奇。很多家庭的失敗，絕不是相愛時愛得不夠，而是相愛後不懂得相處。

相處遠比相愛困難得多、艱巨得多、複雜得多、藝術得多。因此，夫妻間的和諧、默契，不僅是相愛就能達到的。相處的生活平淡而又平常，柴米油鹽醬醋茶…只有面對這些平淡與真實，人才能變得完全與真實，夫妻雙方才會互相諒解，互相珍愛，生活也才會幸福。

夫妻間要達到和諧與默契，是每一對夫妻都要面臨的課題。日常生活的安排、家務勞動的承擔、家庭經濟的支出、雙方親友的往來、長輩的贍養負擔、孩子的培養教育等等，看似普通的小事，處理不好就會引發家庭問題。因此在這些看似普通小事的處理上，要做到寬容和諒解，換個角度思考，有時就會達到事半功倍的效果。

有些婚姻的失敗，並不是彼此無法生活，而是沒有處理好生活中所謂的小事，因此才出現了婚姻的不和諧。因為有人不明白這點，最終使兩個還相愛著的人分道揚鑣，當初他們相愛時，絕對想不到日後會因為這些小事而分手。

夫妻之間應該懂得寬容。夫妻雙方都要認同這樣的現實，他們是兩個不同的個體，思想、意識、脾氣、秉性、生長環境、教育方式、文化程度、家庭背景等等都不可能相同，差異和矛盾是必然存在的。所以雙方只有互相寬容，互相體諒，多從對方的角度思考問題，多溝通，多忍讓、多體諒、多關照，才能鞏固愛情與婚姻。

尤其是妻子，應該多加的包容丈夫。男人的特點就是虛榮，女人必須明白且接受，千萬不要當眾反對他、指責他，使他難堪，這樣他會覺得沒有面子。因此，聰明的女人在人前要給男人足夠的面子，其實他也很清楚、很感動，並非對此無動於衷。

婚姻中要捨得付出。想要從婚姻中獲得，就必須學會付出。如果雙方都在婚姻中努力付出，那麼彼此都會得到婚姻的幸福。愛情、婚姻、家庭同樣是有生命的，如同人的成長一樣，需要撫慰、滋養、關愛。

婚姻需要雙方不斷的情感交流，坦誠的溝通來耕耘和滋潤。有的人把婚姻看得過於簡單，以為有了愛就有了一切，卻忽略了婚姻中最重要的事——發展愛情。愛情不發展，只停留在山盟海誓階段，一旦碰到問題就會不堪一擊。

夫妻婚後如果缺乏互相的往來與情感的溝通，昔日海誓山盟的恩愛之情，很可能逐漸變成互相猜疑、同床異夢，直至最後分手。

美國一位哲學家說過，婚姻是一本書，第一章寫的是詩篇，其餘則是平淡的散文。

愛情不是科學，沒有數據可以判斷其好壞，它是情緒生活，是一種感覺；婚姻是一樁艱難的使命，不能草率的對待，也不能認爲理所當然。

人生的成熟期也是婚姻的考驗期，一旦發生摩擦、衝突時，要耐心反省、認真思考，分析問題的原因。多從主觀上找原因，尤其作爲女性，不要總認爲別人對自己不公道、不體諒，自己是如何辛苦、如何付出，多麼冤枉、多麼無辜，而現在卻得到這般對待。

當氣氛剛開始有些緊張的時候，也就是問題出現的時間點，就向對方展現出妳的寬容、傻氣，讓對方知道妳希望和平共處。如果能夠寬容的對待愛情和婚姻裡產生的問題，這份愛情和婚姻就將會甜蜜和長久。

## 用傻言傻語引導情人示愛

如果妳是個不善於表達的女孩，又恰巧喜歡上了一個生性靦腆的男孩，如果妳不給他某種暗示的話，那麼，妳可能會在等待他的告白中花費很長一段時間。

給靦腆的男孩製造機會，與女孩主動出擊是兩回事。女孩主動出擊，是喜歡了對方並主動去追求。而給對方製造機會，是知道對方喜歡自己，但因爲他靦腆而不敢表白，由女孩主動製造機會，引導他把心裡的真實感情表達出來。

總之，無論如何都不要把感情悶在心裡不敢表白，造成永遠的遺憾。因爲總有一些不開竅的男孩，呆頭呆腦，需要女孩點醒他一下。

有個男孩和女孩在公園裡約會，女孩希望男孩擁抱一下自己，就暗示這個男孩說：「有人說男人手臂的長度，恰好等於女人的腰圍，你相信嗎？」男孩說：「這我倒是沒有量過……」女孩再次暗示他：「你可以量看看呀！」

男孩明白了女孩的意思，輕輕而溫柔的擁抱了女孩一下，說：「妳真的好苗條啊！」

後來，男孩和女孩結婚了，過得很幸福。男孩回想，當初公園的擁抱讓他們打破了僵局，更進一步，讓他擁有了最愛的女孩。

婚後，男人故意逗女人：「還記得嗎？妳說男人手臂的長度，恰好等於女人的腰圍，現在我不相信這個說法了，因為現在我的手臂不等於妳的腰圍。」

女人就倚著丈夫輕輕的笑著點頭——因為她已經懷孕了。

有句話說：「如果妳真的愛他，就放下女孩子高高在上的架子吧。」

凱倫和布萊德是朋友，卻又不像朋友。讓凱倫鬱悶的是，布萊德從來不曾對她表達過什麼，兩人之間一直持續著那種友情以上、戀人未滿的關係。

隨著時間的推移，凱倫看得出來，布萊德是真心的喜歡她，只是他太過於害羞、內向。於是，她決定製造機會，讓他突破心理障礙。

某一天，凱倫約布萊德去朋友家，朋友家在十樓，卻沒有電梯。到六樓時，凱倫裝作實在走不動的樣子，可憐兮兮的對布萊德說：「我肚子好痛，怎麼辦？」布萊德猶豫了一下，說：「我牽著妳走，好不好？」

凱倫會心的笑了，把手遞給他。布萊德有點不好意思，臉都紅了。走了兩層，凱倫把手鬆開，說：「哎，我還是走不動了。」說著就坐了下來，再也不肯走。布萊德猶豫著說：「要不我揹妳走？」凱倫雀躍起來：「好啊。」說著就跳到了布萊德的背上。揹著凱倫，聞著她身上淡淡的清香，布萊德似乎充滿了力氣。

不知不覺間，兩人的距離拉近了很多。再後來，他們相聚或約會，也開始牽手了。

那天，凱倫主動打電話給布萊德，卻聽著他的聲音有氣無力的，她察覺布萊德可能生病了，於是跑到布萊德的住處。

果然，布萊德因為感冒，引發了鼻竇炎，導致半邊臉疼痛腫脹，頭也疼，體力也透支了。凱倫為他買藥、熬湯，對他照顧得體貼入微。

布萊德病癒的時候，凱倫假裝試探他：「欸，我這朋友也做得夠盡職了，現在你也好了，我也就放心啦。告訴你一個消息，我們公司派我去新加坡擔任銷售經理，下周我就得走了，你要好好照顧自己。」

布萊德聽了之後，慌了，突然一把拉住了凱倫的手，對她的告白脫口而出：「我很早就喜歡妳了，真的好喜歡……這次生病，讓我意識到，我……我不能沒有妳，凱倫，留下來吧，當我的女朋友……」後來，凱倫留了下來，他們的愛情很快就水到渠成了。

很多女孩子像凱倫一樣，默默的愛著一個人，但總是等不到對方的表白，很苦惱。很多時候，不是他不夠愛她，而是他找不到合適的表白方式，覺得自己「沒有機會」。如果是這種情況的話，這段愛情實在是太冤枉了。

所以，在愛情來臨的時候，我們不但要給男孩機會表白，不要輕易錯過好男孩。在男孩表白之後，也要用智慧來決定怎麼回應，一般來說，用小女孩傻氣的咿呀話語可以達到很好的效果。

其實，機會是可以製造出來的。掌握一些技巧，試探他一下，早一點明白他的心思，讓愛情來得更順利吧！

在等待愛情的過程中，很多女孩條件不錯，卻孑然一人，不是不想戀愛，而是沒有碰到戀愛對象。愛情是很微妙的，不要總是抱怨丘比特的箭射不中妳，有時候就得自己創造良好的機緣。

女孩子也要主動一點，多出去走走，多參加朋友聚會，多製造「邂逅」，多給自己機會，幸福的愛情自然會降臨到妳頭上。

每個人心裡都有一桿秤，我們用它來衡量美與醜，也用它來衡量內心的得與失。而愛情，是這個世界上最難用對與錯、是與非來衡量的情感。

在戀愛之前，每個女孩都應該先用心裡那桿秤，正確的審視自己的愛情觀，才有助於日後獲得幸福的生活。換句話說，就是問問自己，妳需要什麼樣的愛情，什麼樣的愛情適合妳。

有一天，柏拉圖問老師蘇格拉底到底什麼是愛情。蘇格拉底讓他先到麥田裡去摘一株最大、最飽滿的麥穗來，並且只能摘一次，只能向前走，不能回頭。

柏拉圖按照老師的話去做了。

結果他只摘到了一株很小的麥穗。老師問他為什麼不摘更大的？

他說：「因為只能摘一次，又不能回頭，即使見到最大最飽滿的，因為不知前面是否有更好的，所以就沒有摘；走到前面時，又發覺總不及之前見到的好，原來最大最好的麥穗早已錯過了。於是我只好隨手摘了這棵麥穗。」

蘇格拉底說：「這就是『愛情』。」

# 不要自作聰明

孔子周遊列國的時候，有一天看到兩個小孩正在為一件事情爭辯不已，便問是什麼原因。

甲說：「我認為太陽剛出來的時候離人比較近，中午的時候離人比較遠。」乙卻認為太陽剛升起來的時候離人遠，而中午則是近一些。

甲說：「太陽剛出來的時候像水溝蓋一樣大，到了中午卻像個盤子，這不是遠的時候看起來小而近的時候大的道理嗎？」

乙說：「太陽剛出來的時候有清涼的感覺，到了中午卻像把手伸進熱水裡一樣，這不是近的時候感覺熱而遠的時候感覺涼的道理嗎？」

孔子也不能判斷這是怎麼一回事，於是兩個小孩笑著說：「是誰說您知識淵博呢？」

連聖人都能老實的承認自己不知道該如何判斷，更何況是我們呢？我們當然會有很多不知道的事情，這是正常的，所以沒有必要不懂裝懂。

勇敢承認自己不知道，然後大方的向別人請教。這樣的女人，通常是受人尊敬的，別人也會很樂意教妳。本身女性這個角色就決定了妳可以利用「柔弱」這個性別優勢來獲取別人的幫助，所以何必放過學習的機會而冒險裝懂呢？所有妳以前未曾解除過的新東西，都是爲妳打開另一扇門的契機，趁機學習是好的。然後下一次遇到同樣問題的時候，妳就不需要再爲難了。

一個女人，妳不一定要很聰明，因爲幸福的「笨」女人比比皆是，但最好不要自作聰明。真正聰明的女人從來不會賣弄自己的小聰明，更不會故作聰明。因爲自作聰明實際上是過度的小聰明，那才是真的傻。

沒有人會責怪一個女人不夠聰明，那麼爲什麼故作聰明的女人會讓人不喜歡呢？因爲那樣的女人常常會把事情搞砸，並且搞砸的事情又常常被這樣的女人掩蔽，而使局面更糟、更加難以收拾。而且這種故作聰明往往會成爲女人的性格弊端，有這樣性格的女人對自己的小聰明是很難控制的，會讓這形成一種心理習慣，進而一次次充當誤事、壞事的角色。時間一久，這樣的女人就成了人人避之惟恐不及的女人。

工作中更是如此，大家朝夕相處，耍小聰明是不必的，因爲內行人會一眼看破；自作聰明也是不可取的，一葉障目難道不是女人常犯的錯誤？所以，一個真正聰明的人，是不會傻到冒險撒謊的，畢竟，和說謊比起來，說「不知道」的代價要小一些。

芷茗是一個形象氣質俱佳的女孩，剛從大學畢業，正在找工作。

這天，她又接到了一個面試通知，到公司填了履歷表之後，她就回家等通知了，在此期間，她並未花力氣瞭解這家公司。等到正式面試時，主考官問她對公司瞭解多少，芷茗憑印象說這家公司是外商企業，還十分肯定的說起公司的營運狀況。

事實上，該公司是一家民營企業集團，實際營運狀況也不是她說的那般。雖然她條件非常好，但還是沒有錄取。公司的說法是，她不懂裝懂並信口開河，讓人難以信任。一個合格的員工，應該有最基本的責任心。像芷茗這樣的人，不夠老實，這樣的人很難堅持原則，假如在工作中也這樣信口開河，說不定會闖出什麼禍。所以，即使條件再好，也是不能錄用的。

瑋瑋也是剛畢業於大學，乖巧伶俐，對任何人都彬彬有禮。

初入職場，人生地不熟的她得到了公司上下諸多人的寬容與指導。每次遇到不能解決的難題，她總會虛心請教，然後真心道謝，讓人覺得幫助她簡直就是一種義不容辭的「責任」；犯了錯誤，她更會在最壞的結果發生之前率先承認獲得原諒，以免遭遇不必要的責罰。這種行為帶來的直接好處就是，讓她與許多工作中的「災難」擦身而過，安然度過了試用期。

確實，對待一個虛心好學的女人，沒有人會拒絕。比如第一次使用傳真機，妳不知道該怎麼傳，其實不是什麼難事，只是開口問人的小事。所以一定要虛心求教，大學畢業又怎樣？各種辦公設備妳都會用嗎？這些微不足道的小事，都是該放下架子的時候。不知道並不丟人，裝作知道才會讓別人暗地嘲笑妳。

凡事從容鎮定，不自以爲是，才是成熟幹練的聰明女人，不管是工作中還是生活中，都是如此。所以，保持實事求是的態度，老實的承認自己的「無知」，看上去似乎很傻，但其實卻是最保險、最明智的做法。

# 裝傻，迴避曖昧關係

小薇和家明是高中同學，上大學以後也一直保持聯繫，兩個人一直是談得來的朋友。大學畢業以後，兩個人不約而同的選擇了到北京工作。因為大家是同學，加上兩個人在北京人生地不熟，他們的關係也比以前更親近了。

兩個人就這樣維持無話不談的知己過了幾年，一開始身邊的人還覺得兩人關係曖昧，但是幾年不見兩人有任何進展，大家也認定了小薇和家明兩人之間的純友誼關係。

兩個人各自的感情和生活都進行的十分順利。

不過，小薇卻發現了男友對她的背叛。小薇的男友一直以來都很受女性歡迎，由於天性開朗愛玩，和小薇交往以後，也經常和其他女生出去。小薇思想開放，並不覺得有什麼不妥，男女之間交朋友是很正常的，談了戀愛並不代表生活中只剩下對方。可是直到最近，小薇才發現，男友和一個女人的關係並不尋常，小薇在男友的手機裡發現了兩個人的情話簡訊，等到小薇電話打過去，那女人還不以為然的說：「和他有過關係的又不止我一個，只有妳傻，才會一直被蒙在鼓裡。」

這麼多年來對男友的信任，瞬間瓦解，小薇傷心欲絕之下就找家明訴苦。在酒吧昏暗的燈光下，家明看著小薇覺得她一下子憔悴了許多。家明一邊氣憤，一邊看著小薇，心疼極了。在連灌了幾杯威士忌之後，家明說：「小薇，其實我早看出那小子不好了，不夠老實可靠，可是妳們這樣的年輕女孩子，就是喜歡這樣的男人，耀眼有吸引力。其實，這麼多年來，妳沒發現誰才是真正關心妳的人嗎？小薇……」家明說著便靠得愈來愈近，小薇察覺到氣氛不對，她當然明白家明的話是什麼意思，若是以前，小薇也許還會考慮、感動。

可是，家明已經結婚了，小薇來不及感動，最先想到的就是家明那溫柔文靜的妻子，那是個善良又待人誠懇，被她稱之為大嫂的好女人，對自己也是照顧有加，怎麼忍心傷害她。但是對於家明越來越迫近的告白，小薇又該怎麼辦，她不想用生硬的嚴詞拒絕，毀了這幾年的友情，想到這裡，小薇急中生智。

「對，我知道，比起他，自然是父母最關心我了，可是就是因為這樣，我才不敢把事情讓我父母知道，我怕他們為我擔心。家明，嫂子在家嗎？可以請嫂子出來嗎？有些事情，還是女人之間比較好聊。」

小薇裝了傻，讓家明差點說出口的話硬生生的吞回去。過了一會兒，家明的妻子就過來了，摟著小薇安慰著，家明在一邊也不能說什麼了。他開始後悔自己一時衝動沒有把情緒控制住，對不起溫柔的妻子。還好小薇沒有明白過來，才免除兩人之間的尷尬。

之後，小薇和男朋友分手了，也繼續保持著和家明的來往。只是與年輕時的放肆比起來，更懂得分寸，很多時候，都是和嫂子一起三人吃個飯。對於那天的事情，小薇絕口不提，就當做從來沒發生一樣，看待家明也像以前一樣，不刻意迴避與閃躲，讓家明更堅信小薇是真的沒有會意過來，因此沒有心理負擔。

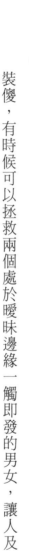

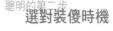

裝傻，有時候可以拯救兩個處於曖昧邊緣一觸即發的男女，讓人及時恢復理智。

向熟識多年的人提出告白，被拒絕總是令人尷尬，怕一個不好，以後連見面都搞得氣氛冷場。而且，失去了多年的朋友，也是人生的一大損失。面對別人要表示的好感，趨於曖昧的舉動，一定要裝傻，讓他們錯失表白的好時機。一次裝傻迴避了，他也許還會抓住第二次機會，但若是妳接連來個兩次三次，只要他不是真傻，相信他會明白妳的意思，自然而然就會知難而退了。這樣既達到自己的目的，不會造成太大的傷害，也顧全了對方的面子。

有個男孩在上課的時候喜歡在女孩背上寫字，然後讓女孩猜。一天，男孩寫了幾個簡單的英文，機靈的小女孩就察覺了有點不對，男孩反覆問著：「猜出來了嗎？猜出來了嗎？」

女孩只是不停的搖頭，一副好奇狀：「猜不出啊！到底是什麼啊？

真的好難啊，猜不出啊！」結果女孩的裝傻沒有把男孩要告白的決心擋住，男孩又折了一個小紙鶴，說：「這個裡面就是答案，不過一定要等到回家以後再看哦。」男孩接著問：「妳知道紙鶴代表的意思吧？」

「知道啊，是希望。」女孩回答。

「那除了希望呢？」男孩不甘心的接著問。

「是祝福。」

男孩頓時無語了。

第二天早上，女孩一到學校就在桌子底下和抽屜裡四處翻找，男孩問她找什麼？

「昨天的紙鶴啊，我明明記得我放在口袋裡，昨天打掃完回家就不見了。」女孩一邊繼續找著，一邊說：「你直接告訴我答案是什麼嘛。」

男孩卻沒有再出聲。

這個簡單的例子，告訴我們可以用裝傻靈活應對我們想要逃避的告白。

有些時候，我們要應對的不只是男人的告白這麼單純的東西，還有一些男人的情慾。有些男人會習慣找自己的朋友下手，來一場刺激的一夜情，或者只是一時糊塗和衝動。女人在這種時候，也可以用裝傻來破壞令男人陶醉的曖昧氣氛，讓他頓時失了興趣，以此保全自己。

畢竟，朋友之間要是發生了什麼事，以後會很尷尬，若是想發生而沒發生什麼，還是會有些疙瘩。不如用裝傻拒絕別人的求歡，來得簡單也乾脆，見妳這麼不懂情調，下次也沒人有興趣找妳調情了。但若是碰上真正的狼，還是盡早出手還擊來得有效。

有些女孩，平時只要感受到異性的電流時，她們就會開始裝傻，用裝傻方式來抵擋對方的攻勢，而大部分男人以為自己大獻殷勤會得到美人歸，可是一遇到似乎傻裡傻氣或少根筋的女人，就自動打退了堂鼓，就中了女孩的計了，她們就是這樣逼退一些圍在身邊的「蒼蠅」。

所以，很多情況下，裝傻都是最完美的拒絕方式，不傷感情，也不會發生爭端，讓別人覺得妳只是對他無意，自動放棄。當然裝傻也要見人見事，若是遇到不好對付，過於執著的人，就要見機行事，靈活運用了。

# 學習阿Q精神

小萍今年二十五歲，單身。前幾個月公司舉辦了派對，那天晚上大家都很high，玩得很瘋狂。活動進行到一半，需要關燈遊戲，忽然她的上司深深的吻了她一下。她很詫異，但是沒有拒絕。後來燈亮了，他們裝作若無其事的繼續和大家一起玩遊戲。

上司比小萍大五歲，已經結婚了，有個孩子。因為平時工作的接觸，小萍對上司還是很有好感。他很有能力，小萍對他有種仰慕的感覺，但是因為他已經結婚了，所以小萍從來沒有過其他幻想。他的這個舉動讓小萍感到驚訝和欣喜。

第二天，上司約小萍看電影，鬼使神差地，小萍竟然答應了。吃完飯去電影院的路上，上司突然問要不要去他家，小萍呆住了，一時不知道如何回答。這時剛好走到一個拐彎的地方，上司捧起小萍的臉，又深深的吻她。於是兩個人發生了一夜情。

但是在這之後，上司再也不發簡訊、不打電話給小萍了，平時MSN還是和以前一樣說公事，甚至見了面也不怎麼打招呼。小萍心裡很難受，突然覺得好像被人耍了一樣。她沒有什麼要求，也不想破壞他的家庭，只想知道他到底是怎麼想的？他們之間的關係如何處理？說明白免得大家心裡都累。小萍曾經鼓起勇氣約過上司，但是他拒絕了。

在戀愛裡，有一個是妳要具備的——勇於承認自己被耍了。

對於男人來說，一夜情跟女人所期望的「確定的正常關係」更是差了十萬八千里。女人要從這類事件裡開始適應男人的思考模式，同時也要培養自己對這些伎倆的免疫力。

在失去機會的時候，學習阿Q精神，告訴自己這沒什麼大不了的，學會給自己心理療傷，保護好自己。

不單愛情，其他的事情也是這樣。

麗麗是一個對化妝很感興趣的女孩，她的理想就是成為一名化妝師，替女孩創造美麗。但與常人不同的是，麗麗是一個有容貌缺陷的人，她小時候被火灼傷了臉部。由於化妝師對容貌有一定的要求，所以幾乎所有的美容學校都拒絕錄取麗麗。

面對一次次的拒絕，麗麗並沒有放棄，而是去了北京，她找到一間知名美容學校的校長，向她推薦自己，並展示了自己多年來學習化妝的成果。校長很欣賞麗麗的功夫，但看到麗麗的容貌，校長還是猶豫了，她說：「妳先回家等一等吧。妳的技術非常好，但我還要跟學校的其他負責人商量一下。」

聽到這裡，麗麗就已經知道希望不大了，但還是微笑著跟校長道了別。

第二天，帶著一丁點的希望，麗麗又一次來到學校找那位女校長。校長遺憾的告訴麗麗，因為她的容貌問題，學校還是決定不錄取她。

麗麗微笑著聽完校長的話，仍然禮貌的向校長說了再見。

然而，麗麗良好的修養打動了校長，她覺得這個女孩不卑不亢，失去機會時不會歇斯底里，而是平靜的接受，這份心靈的美是任何化妝品都化不出來的。所以，女校長後來堅持錄取了麗麗。

麗麗爲了實現自己的理想邁出成功的一步。如果麗麗在知道自己沒有進入美容學校學習的機會後就惡語相向，她斷然就沒有了後來的峰迴路轉。所以，在失去機會的時候，我們要多一點點阿Q的樂觀精神，不但自己的心態會變得很好，說不定還有更好的機會在後面等著我們。

所以，在愛情和每件事情裡，不要總是想著自己遭遇的不幸，要知道在這個世界上有著很多人比妳還不幸，只要能夠抬頭看到陽光就是幸運的，那些生活裡的挫折，只不過是人生中一個小小的插曲。想在這個社會上立足，就要有平和的心態，在患得患失的人生裡，我們時刻都在選擇著，也被別人選擇著，我們應該擁有阿Q精神，痛苦與快樂的生活都是我們選擇的，爲什麼要讓自己沉溺在痛苦中呢？

有些人因爲情感或工作上的挫折而讓自己陷入一種不幸的思緒中，而導致她們會成爲悲觀的人，不管做什麼事情都有恐懼感、怯弱，或是覺得自己不會成功。一個人把自己標榜成什麼樣子，她就只能生活在自己給自己設下的心牢裡，誰有資格說自己不會成功？誰敢說自己不會成功？想成功的人都是樂觀的人，悲觀永遠都是成功的阻礙，只有積極向上的樂觀精神才會讓生活變得美好，相信明天一定比今天會好，只要妳努力了，社會一定是公平的，不要抱怨生活，否則只能證明妳自己沒有真正的去努力。

## 勇於追求

許多女生都有這樣的經歷，逛街的時候看上了一件漂亮的衣服，可惜這間店沒有合適的尺寸。於是，愛美的女生就開始了瘋狂的搜衣行動，非得買到那件喜歡的衣服不可。遇到喜歡的東西勇於追求，這是現代女性應該具備的特性。對服飾的執著，通常是女人天生所具備的，可是在愛情上，還是有許多女人因爲猶豫而失去緣分。

菲菲和小舒同時喜歡上一個男生，這在一對好朋友之間，其實並不少見。

小舒內斂，凡事深思熟慮，是個文靜又有才華的女孩子，而菲菲卻剛好相反，個性活潑外向，直來直往，做事情也常常欠缺考慮，闖過不少禍，都是沉穩的小舒幫忙善後。

雖然兩個人個性相差甚遠，但是卻很巧的做了好朋友，又更巧的喜歡上同一個男生家旭。小舒苦惱著不知道怎樣才能拉近自己和家旭的關係，而菲菲卻大剌剌的每天拉著家旭一起往外跑。

小舒看出其中的端倪，便問菲菲是不是對家旭有好感，她倒是一點都沒有隱瞞：「怎麼辦，小舒，連妳都看出來啦，怎麼辦，好像是真的喜歡上家旭了！妳說我該怎麼辦啊？」菲菲抱著小舒的抱枕在床上左右翻滾，一副苦惱卻很甜蜜的樣子，而小舒的心裡更慌了，更不知道自己該怎麼辦了。

現在知道了菲菲的心思，如果自己出手相爭，就太對不起她和菲菲之間的友情了，可是喜歡也不是說放棄了就能不喜歡那麼簡單的事情，小舒還是對家旭放不下，卻只能放在自己心裡。

菲菲自從向小舒坦白了以後，甚至整天拉著小舒一起行動了。「小舒，陪我一起去看家旭打球吧！」「小舒，今天我約了家旭一起吃飯，妳陪我一起去好不好？」「我一個人會有點緊張的，再說氣氛也會比較尷尬啦，小舒，妳就陪我去嘛。」小舒實在沒有理由拒絕好朋友的請求，可是在和家旭一次又一次的相處下，小舒對家旭的好感也與日俱增。

到底該怎麼辦？小舒苦惱萬分，該坦白面對自己內心的喜歡，還是繼續迴避自己的感情呢？小舒幾乎每晚都睡不好，腦海裡都是這樣那樣的選擇，折騰得她日漸憔悴。

有一天菲菲打來電話興奮的向小舒說她向家旭告白成功了，小舒的心一沉，在電話這端立刻無聲的掉下眼淚。而對一切都毫無察覺的菲菲卻和家旭開心的交往。

過了很久之後，有一次菲菲和家旭吵架，菲菲鬧失蹤不理家旭，無奈之下，喝醉的家旭只好找了小舒，談話之間，家旭說：「其實小舒，一開始，我是先對妳有好感的，可是妳太讓人捉摸不定了，而菲菲不同，她單純直接，她追我的時候也是什麼都不多想的整天對我好，一點都不隱藏自己的心情，我就覺得她這一點很可愛，不知不覺就喜歡上菲菲了，到了現在，我更是不能離開她了。」

小舒聽了心裡更是百感交集，原來自己敗在顧慮太多。以前做什麼事情，她總是未雨綢繆，事情的好壞結果、過程中可能遇到的狀況，要怎麼處理都已經預想好了。可是沒想到正是因為自己這份慎重，讓自己失去了愛情。也正是菲菲的不計後果、橫衝直撞的特質，讓菲菲獲得了愛情。

有時候感情的事情，真的和夠不夠優秀沒有什麼關係。再高的智商，再周全的計劃也不一定能擄獲愛情，越是看上去莽撞、不顧一切的表達，反而能打動人心。

做事慎重固然很好，可是有的時候恢復像青春期時的單純衝動也未嘗不可。感情的世界從來不等人，猶豫反倒是給別人領先的機會。偶爾忽略一些理性思考，注重對待自己的感性心情，也許會獲得更好的結果。心動不如行動，有時候也不一定需要一個太好的結果來證明，更重要的是不讓自己後悔。

之前看到一則傑尼斯藝人的採訪，問到他如果遇到自己喜歡的女孩子會怎麼辦，可愛的小男生說：「我會不顧一切地不停的約她出來。」主持人感嘆他小小年紀如此大膽主動，他繼續說，「其實我只是想，如果我不約她，她就會被別人約走。想到這裡我就會更難受，所以與其自己琢磨該怎麼追求，倒不如什麼都不管先把人約出來再說。」小小年紀，卻說得有道理。

他的好，並不是只有妳一個人看的到，自己糾結著複雜的思緒，不如把自己的心思說出來，若猶豫過久，被別人捷足先登，到時候就後悔莫及了。而只要自己勇敢的表達了，就算不是理想結果，至少自己不會後悔，也就沒有遺憾了。

不單是在愛情的世界裡面，很多人面對事情要處理的時候，總是先會害怕困難或者怕失敗，沒有信心，與其顧慮，不如什麼都不想，以最實際的行動向前衝，是好是壞留到最後來判定，只要曾經去做過，就不會後悔了，過程往往比結果更重要。

有些女孩子，經常會做一些看起來不經大腦的事情，比如參加自己不拿手的比賽，或者想完成一項不大可能完成的目標，結果努力到最後，很多時候也只是白費力氣；而一些聰明的女人，卻先預知結果，對於一些結果可能不理想的事情做起來畏首畏尾，或者想來想去最後始終不見開始。

表面上看起來是聰明女人省了氣力，而笨女人是白白折騰，但實際並非這樣，笨女人在過程中已經收穫了結果，而聰明女人停留在空想的階段才是真正的沒有收穫。

這幾年在台灣興起許多歌唱比賽節目，有那麼多人爲了自己的夢想傻傻追逐，有一些到現在已經是擁有數多粉絲的偶像，而那些沒有因此成功的人，也因爲參加這個活動，爲自己的生命添加了一抹色彩。勇於追求自己的愛情，勇於追求自己的理想，勇於追求自己的幸福，這股傻傻的勇氣可以爲我們指引踏上幸福的方向。

Clever 聰明 的第三步

# 發揮裝傻優勢

**性別可以為女人帶來優勢，如何運用這個優勢就有賴於「裝傻」的功力。**

做為獨立、有思想的現代女性，在工作中能夠雷厲風行、獨當一面，在家裡則要放下女強人的包裝，盡情展現自己小女人的一面；人總是心軟的，用女性的眼淚總是能為自己博得支持，然而外表的柔弱並不是讓妳從內到外都弱，而是要有一顆堅強的心；女性獨有的特徵，也是妳必須具備的，有女人味，舉手投足間顯示出優雅，溫柔美麗，再帶點羞澀。只有單一面的女人往往讓人一眼就看透，使人覺得乏味，讓自己具有多面性，時而淑女，時而傻氣，讓身邊的人既著迷又疼愛，締造幸福奇蹟。

# 品嘗人生的真諦，體會裝傻的幸福

對一個女人來說，真正的美麗是從心開始的，如果一個人只有外表美，而沒有心靈美，就好比是正數乘以負數，結果還是醜的。如果一個女人只懂得追求外表的美麗，而不懂培養內涵是非常可悲的。

一個人僅有外表的漂亮只是短暫的美麗，隨著歲月的流逝，這種美麗遲早會凋謝，而只有心靈的美麗才是永恆的。也許，這樣的女人並沒有漂亮的外表，但是，這絲毫不影響她作爲女人的魅力，因爲心靈的美麗足以征服一切。對於女性來說，最重要的是心靈美。雖然這句話有點老生常談，卻是牢不可破的真理。

有媒體曾經做過一份關於男人看重女人什麼特質的調查，在這份調查中，年齡在三十歲到六十歲之間的男士接受了訪問，問及女人美麗的心靈和美麗的外表哪個更重要時，約百分之七十一的男士更在乎前者。不僅男人喜歡心靈美麗的女人，女人也是如此。

要做到心靈美麗，卻不像化妝那樣簡單，而是要努力一輩子的事情，是一個女人熱愛生活的態度，是一個女人充滿自信的表現。

要讓自己的心靈煥發光彩，首先要心靜、心淨，如果一個女性心裡有太多不安與雜念，她的心靈之美是無法展現的。俗話說：「人要拿得起，放得下。」但在現代生活中，能做到這一點的女人少之又少，尤其是「情」與「憂」、「愛」與「恨」這世間最說不清道不明的情感問題。

情，讓女性迷失的同時，還會給妳愛的人帶來心理與精神上的負擔。同樣現實中令人憂愁的事情也有很多很多，女性想像有些人說的那樣一笑置之，其實很難。有道是「百年三萬六千日，不在愁中即病中」一個人的一生，不是受著病苦，就是被煩惱憂愁所苦，這是何等的人生苦境？爲何人要活得這麼苦？一切都是心理的作用，也是習性的作用。

佛家境界要求每個人拿得起，放得下，自修成佛。很多女性也不希望自己生活苦悶、煩惱，更不希望自己皮膚與身體衰老。那麼，女性如何獲得健康、幸福與快樂呢？只有學會呵護自己的心靈，才能達到超越自我的境界。

很多女性不願回憶的問題，一直存在於心靈的某個死角裡；有時候，女性的某些反常情緒、出格言行就是她們內心的情緒暴動，在潛意識中，這些情緒的力量會越來越強大，在這些情緒的驅使下，女性是無法得到心靈寧靜、領悟人生真諦。所以，女性在感悟人生的道路上，不妨直視這些問題，審視自己的內心，也許在勇敢面對、自我解答之後，才能得到心靈的放鬆、提升人生的層次。

聰明的女人會在領悟人生真諦的過程中，經常審視自己、時時提醒自己，警覺自己情緒的變化和錯誤的開端，雖然偶爾還是會犯錯，但必須試著從錯誤中讓自己成長，戰勝自我、超越自我，使自己成爲越來越接近心目中理想的自己，做一位擁有健康與心靈富足的魅力女性！

# 職場女強人，家裡笨女人



處在飛速發展的時代裡，在廳堂和廚房間徘徊，成爲越來越多職業婦女的心頭之痛。以「魚與熊掌不可兼得」來形容當代女性的兩難狀態，再貼切不過。在當代女性的心目中，事業和家庭都有著不可替代的意義，當兩者發生矛盾的時候，實在難以抉擇。

事業和家庭，這是一個令女人迷茫的話題。一邊是叱吒職場的威風八面，一邊是恬靜愜意的閒適生活。到底，女性應該選擇哪一邊？

女性常常處於家庭和事業衝突的艱辛和矛盾中。一個完全投身於家庭的女人，可能因爲無法和丈夫在事業上溝通，而被丈夫看作是沒有共同語言，遭受丈夫的冷眼；而一個投身於事業之中的女人卻又會被社會冠以女強人的稱謂，被家人抱怨關心不夠，爭強好勝。

一次社會調查顯示，當代女性在碰到家庭和事業的矛盾時，有百分之六十的女性難以確定該怎樣去選擇。這表示，在當代女性心目中，平衡家庭和事業矛盾存在著極大的困惑。

蕭蕭從大學畢業以後，賺到第一份薪水時，她驚訝自己可以像男人一樣有錢；當她自己掏腰包買下心動已久、價格不菲的連身裙時，她感受到了自給自足的快樂。

幾年後，當經歷了一次次失敗的感情後，蕭蕭終於明白，最容易給她希望的男人也最容易讓她失望——這時才明白，凡事只有靠自己。於是，她努力賺錢，在職場上打拚成了她疼愛自己的生活方式。

她努力工作，積極投資股票、房地產，用心研究投資報酬率，賺到了第一桶金以後，她曾熱衷於開店、工作室。即使賠了也不怕，她還年輕，有著堅不可摧的勇氣和信心，吸取教訓後仍舊可以讓自己的錢包漸漸飽滿。

做母親、妻子會給女性的職業生涯帶來一定的影響，如何讓自己把事業和家庭處理得更好，聰明的女性應學會趁早制定個人生活和發展規劃。首先應該將影響自己的因素都盡可能考慮在內，分析自己的現狀，找到自己的位置，確定人生目標，包括婚姻、家庭、事業等等，在家庭內部進行充分的溝通，使大家的想法盡量能夠達成一致或取得家人的諒解和支持。

當女性有足夠的能力在事業上打造出自己的世界時，往往忽略了自己所必須承擔的另一半責任。無論是多麼成功的女性，家庭和事業都是缺一不可的。專家指出，事業有成，必然物質豐富，如此就能促進生活品質提高，也就能促進家庭和睦。缺乏了家庭的溫暖，事業上很難取得進步，缺乏了事業保障，家庭也很難維持。

維持事業和家庭的平衡發展，是家庭美滿幸福、事業成功的關鍵。男女兩性需要學習不同的角色，作爲一個妻子和母親，抑或作爲一個丈夫和父親，都是一種新的社會角色，要學會適應，承擔起角色所賦予的責任。沒有天生的好男人，也沒有天生的好女人，任何角色都是透過學習而獲得的。

在婚姻與事業之間，女性就像是在蹺蹺板上，稍微偏頗，人生的天平就會傾斜。長久以來，女人都在事業與婚姻的摩擦中猶豫，但是誰說職場女性不可以成爲好妻子、好母親?家，才是女人的王國，不贊同那種爲了事業就把家庭完全放棄的觀點，自然也不贊同把自己的青春和才華全部放在家庭上。追求完美的女性，在職場上縱橫捭闔，在家中照樣可以成爲相夫教子的溫婉女子。

既然妳選擇了工作和妻子的雙重身份，希望可以同時享受個人成就和天倫之樂，就要盡力把兩方面都要做到完美。職場女性有條「六十／四十理論」：拿出百分之六十的精力去做好關鍵工作，花百分之四十的精力去打理自己的家庭。

妳要做的是，當妳從一場馬拉松式的談判中解脫的時候，要馬上轉化角色，把職業服裝收進衣櫥，換上一件再普通不過的居家服，束上圍裙，入廚做飯。把妳滿腦子的工作話題變成一句句體貼問候。一句溫存關照，勝過妳在職場上面對下屬時的雷霆萬鈞。面對妳的柔情戰術，老公的怒氣會在瞬間煙消雲散。

即便話題涉及工作也要採取討教的口氣。男人害怕職業婦女的一個潛藏最深的意識就是害怕自己生活在妻子的陰影裡。妳的成功，會讓他備感壓力。因此，妳應該時時以弱者的形象出現在他的面前。他也許會裝模作樣的托著下巴煞有其事的爲妳「指點」，但其實他此刻正在享受成就感。

女性在職場上拚殺久了，最恐懼的就是和孩子間出現隔閡。如果妳長久待在職場，回家後又一臉疲倦，對誰都是一副女強人的冰冷面孔，那這種隔閡會越來越深，但是妳若能在工作間隙把關懷源源不斷的送到孩子的心田，妳在孩子眼中的慈愛形象就不會被替代。

只要有足夠的智慧，女人是可以平衡事業和家庭，關鍵就在於得到丈夫的支持。一方面，只有獨立的女人才能得到身邊的人，完整平等的愛；另一方面，太過優秀的女人又讓身邊的人有壓力，這個時候，在丈夫面前以什麼樣的形象立足就成了決定幸福的前提。

工作的時候，我們可以呼風喚雨，但回到家裡，就應該放下強勢、不談及工作，回歸家庭，做一個溫柔體貼時而傻氣的小女人。在適當的時候，讓丈夫幫妳做點事，讓他覺得他是被需要的，他是妳的依靠。廚藝，也是展現妳女性魅力的絕佳方式，沒有男人能夠抵抗熱愛美食的女人。照顧丈夫的胃，展現出妳賢慧的一面，這也是討人喜歡的特性。

# 柔情，傻女人的殺手鐗

有人曾經說過，金庸小說中那麼多女性人物，雙兒是最適合做妻子的。可以說雙兒是世上一切男人心目中的最佳妻子。而金庸在《倚天屠龍記》的後記裡說他最喜歡的是小昭。同樣是一個溫柔體貼，和藹可親，人見人愛的完美形象。

在大多數女人看來，雙兒、小昭這兩個「死心眼」的笨女人怎麼會比得過冰雪聰明的黃蓉、機靈能幹的趙敏？可是沒辦法，男人們都不喜歡別人挑戰自己的權威地位和英雄形象，他們喜歡美麗聰慧、討人歡喜，溫柔體貼、善解人意的女人。

從人類誕生的那一刻起，造物主賦予了男性陽剛，賦予了女性陰柔。正是因爲兩性之間各有其獨特的形態而形成了鮮明的對比，才使男女對立統一的組成了人類完美的世界。溫柔是女人陰柔之美的核心特徵。

徐志摩寫女人「最是那一低頭的溫柔，像一朵水蓮花不勝涼風的嬌羞」。溫柔是女人的天性，是愛情的原動力，是婚姻的催化劑。女人的溫柔是男人們心靈休息的勝地；在上司、同事和朋友之間是舒服、寧靜、溫馨、甜蜜；在愛情這塊土地上，女人的溫柔更以獨特的魅力彈奏著男人們的靈魂，創造偉大的奇蹟。

英國著名作家哈代曾經看到過一個墓碑，上面清晰的鐫刻著這樣的碑文：「我的愛妻，她是多麼的溫柔可愛。」這位丈夫是如此懷念自己的妻子，他肯定無法忘懷那生命中數不盡的幸福美好的回憶：每當他回到家中，迎接他的是妻子微笑的面容，桌子上擺滿了香噴噴的飯菜，一個小小的禮物就會讓她開懷大笑，整個家庭裡瀰漫著溫馨甜美的氣氛和濃濃的愛意。

男人陶醉女人的溫柔，因爲這溫柔更能襯托男人的陽剛之氣；男人著迷於女人的溫柔，因爲這溫柔往往變得更加楚楚動人，更加高雅，更加美麗。

女人如花，花有萬眾風情：牡丹的高貴，玫瑰的熱情，蘭花的優雅，水仙的清香，梅花的傲骨，含羞的羞澀……每個女人都有其獨特的韻味。美麗如花，必然凋謝，惹出人世間多少情和愛的苦澀纏綿。

漂亮的女人太麻煩，有氣質的女人太高傲，可愛的女人就像個小女孩，只有溫柔的女人才可人——最容易打動男人的心！

溫柔女人是水做的，水能隨遇而安，滲入萬物。它無聲無息的滋潤著靠近它的一切。溫柔的女人外表是嫻靜的。嫻靜是一種涵養，是內在修養的外在表現；是一種謙讓的性格和淳樸的處世態度。

溫柔的女人善於傾聽，懂得傾聽就是給對方最好的關心。溫柔是一種情懷，溫柔的女人能夠平靜地寬容無知。溫柔是一個有內在性感的女人的特質，它能讓男人在血管裡燃起一團火，溫柔的女人身上帶著微妙的魅力，讓男人爲她如癡如狂。

溫柔是女人骨子裡散發出來的一種獨特的氣質，是女人與生俱來的智慧，從言語到行動，從內在的情愫到外在的服飾。溫柔與年齡無關，甚至與外表也沒有特別大的關係。溫柔也是一種教養，不可模仿，也無法速成，就像多年的女兒紅歷經歲月的沉澱散發出醉人的芳香。

溫柔的女人是一個細心體貼的人。有些女人雖然也深愛著自己的丈夫，但是卻常常忘記體貼入微的照顧他，甚至有時候喋喋不休，有時候嚴厲潑辣。男人在家裡看到的女人和在公司看到的女人截然不同。所以，爲了心愛的人，爲了自己的愛情，女人應該在體貼入微處下功夫。況且，要做到細心體貼並不難，只要妳有心，更耐心、細心就可以了。

溫柔的女人聲音甜美。最受男人歡迎的女人聲音是溫順、輕柔中透著謙和與真誠。聰明的女人會在悅耳的聲音中加入精彩的內容，讓聲音成爲吸引男人的美麗風景。溫柔的語言，親切的態度，婉轉的音調，平和的旋律加在一起，能讓一個相貌平凡的女人變得異常有女人味，使其魅力倍增。這樣的女人，即使無情的歲月讓她變老，其魅力也不會減少。

溫柔的女人柔情似水。世上無論是男人還是女人，都不會喜歡粗俗、野蠻的女人，也不會喜歡暴躁、粗心的女人，更不喜歡像男人一樣毫無女人味的女人。以柔克剛是溫柔的最高境界，溫柔的女人絕不會一遇到不順心的事情就火冒三丈、暴跳如雷，她會不動聲色的洞察其中的奧祕所在，然後用如同太極拳順勢而爲的方法來化解種種難題。面對氣急敗壞的男人，她會報以甜甜的微笑；面對口出狂言的男人，她會投以恬靜的目光；面對心情沮喪的男人，她會用慈愛的語言鼓勵他重新振作起來。

溫柔的女人通情達理，富有同情心。一般而言，溫柔的女人非常明事理，對人也很寬容，懂得謙讓，凡事總是替別人著想，絕不會在關鍵的時候給人難堪。善良、慈愛、富有同情心是溫柔女人待人處世的表現。她們喜歡幫助弱者，尤其對老人、小孩、病人、境遇不佳者，更是充滿了濃濃的愛心，會不求任何回報的關心他們、幫助他們。一旦遇到有人遭遇到不幸或者需要幫助時，她們會伸出援助之手，解救他們於危難之中。

溫柔的女人必定讓男人心動不已。人世間，沒有好女人，何來好男人？女人們要用真摯的性情不斷領悟人生，修整完善自己，也修整完善好男人。

面對男人，好女人大器寬容，多讚美少苛責，不求所愛的人如何輝煌，只要他不停的努力就會令她欣慰。好女人不會對男人發號施令、頤指氣使，因為她懂得溫柔能化解一切。溫柔女人是可口的甜蜜果汁、炎熱夏日裡的冰鎮啤酒、冰天雪地中的滾燙咖啡，無論男人什麼時候喝它都會展露溫和的笑容。好女人會以欣賞的眼光關注男人、輔助男人、修飾男人、讚美男人，在完善男人的同時也實現的自我完善。

好男人不一定都要事業有成、在社會上頂天立地，但起碼應有立身之本，有自己的事業追求，能賺來足夠的錢。女人們不要不滿足，不停的說他盡在外面應酬，冷落了自己。男人是「難人」，既要陽剛又要溫柔，既要在社會上拚命競爭又要有足夠的時間陪伴女人。男人沒有分身術，他的精力也是極其有限的。

對於男人，身邊有一個善解人意的好女人，那是男人修來的福分，他也會很自然的成為一個好男人。不過，不少男人沒有這麼幸運。談戀愛的時候，男人們以為選了位賢慧溫柔的女孩，沒想到，婚後的女人竟會變得莫名其妙。

倘若身邊有個自私的女人，她只會爲了自己的快樂不停的向男人索取金錢，索取一切，而且慾壑難塡，那麼，男人就是拚死拚活的工作，在這樣的女人眼裡他仍然是「沒用的傢伙」。

倘若身邊有個「愛吃醋」的女人，男人就算再循規蹈矩，謹小慎微，也是難逃時常受懷疑、被審問、受折磨的厄運。

倘若身邊有個粗俗而缺乏教養的女人，整天像個老太婆似的絮絮叨叨，爲雞毛蒜皮的小事糾纏不休，再有涵養、再有耐心的男人，也會被折騰得心煩氣躁，忍無可忍。

倘若身邊有個悍婦般的女人，男人稍不留意，或者她稍有不快，就展現河東獅吼。面對這樣的女人，就是再「溫柔」、再「妻管嚴」的男人，也會奮起反抗。

總結以上所說的溫柔，不是讓妳毫無主見，一味應和順從。以柔克剛，以柔處世，才是溫柔表現的最高境界。能於不動聲色中洞悉事理，會在紛繁的關係中冷靜的展示自我，笑對人生，那才是一種真本事。

女人，妳準備拿起各種武器去獵取已看中的獵物了嗎？那就做個溫柔的傻女人吧，讓妳周圍瀰漫著迷人的氣息，讓妳的生活泛著輕柔的浪漫情懷，妳身邊的其他人，尤其是男人會輕而易舉地被妳的溫柔擄獲。

# 拒絕敏感，做粗線條的女人

身爲女人的妳一定知道，假如皮膚過於敏感的話，在化妝上會有多麻煩。那妳有沒有想過，假如心理過於敏感呢，會有什麼後果？

著名的林黛玉就是一個典型例子，事事過於敏感，任何人的一句話都會惹她哭上老半天。

相信所有女人都會羨慕她的才情和美貌，至於她的個性，想必沒有太多人願意效仿。當然，林黛玉是典型，現實中還有無數非典型的女人，她們的性格其實也是過度敏感的，只不過她們會用平靜的外表掩飾，只在心中狐疑，沒有林黛玉那麼坦率直白、反應那麼強烈罷了。

在我們生活中就有好多這樣的女人，讓身邊的人跟她說話得特別小心，稍不留心就可能會惹她不高興。比如，妳問她有看見錢包在哪裡嗎？她會認爲妳在懷疑她偷了妳的錢包，然後傷心不已，不斷重複自己沒有拿；有些人長得比較胖又有點矮，不管什麼情況下說冬瓜，她都會認爲別人在嘲笑她等等，這種個性就過於敏感。

過於敏感的心靈在生活中總是容易傷感。雖然它不是什麼大毛病，但過於敏感常給人帶來不愉快的情緒，甚至煩惱。過於敏感是一種不良的心理素質，若不加以克服，不僅會影響工作、學習，還會影響身心健康，造成人際關係緊張。

很多女人會用「女人天生敏感」爲自己辯解，言下之意就是女人的敏感是天經地義的事。實際上，無論是男人還是女人，對於那些與自己有關的、尤其是密切相關的人和事，都會有自己的看法和感覺的，都會有不同程度的敏感。敏感不一定是缺點，敏感的人往往聰慧、有靈氣、有創造力。但過於敏感，特別是人與人之間過於敏感，則會傷及他人和自己，是需要調整和控制的。

讓我們從科學的角度來看，這種過分的敏感，用心理學的術語來說就是自尊低，通常是後天的各種「痛點」導致。通常是早年的心理創傷沒有處理好，形成了某種消極的反應模式所致，所以一旦遇到某種可能引發創傷的類似刺激，她們就會有誇大、逃避或反擊的反應。如果這種創傷是在兩三歲到五歲間出現，影響就可能更大些。

比如，有的女孩子從小因爲個子小被人打擊嘲笑過，由此產生無助感、怯弱感，到成年時，她可能就對此特別敏感。早年體會到不信任的傷害，長大就可能害怕別人不信任自己的品行、能力等。而早年時在與父母的親子關係中深刻體驗到對被拋棄的恐懼，那麼到了成年後則可能遷移到婚戀關係中，產生對伴侶不忠的多疑。並且這種敏感會伴隨終生，在一些刺激下會引發抑鬱症、精神分裂症等疾病。

當妳執著於糾纏在各種事物的含義中的時候，這樣的過度敏感，會讓妳的腦子發條始終是緊張的，而承受這個最大折磨的就是妳自己。所以，不妨讓自己的神經變得大條些，凡事不要太在意太計較，停止自己的胡思亂想，讓自己像個傻女人一樣，或許更容易幸福。

鄭女士結婚也有三年多了，和老公的感情一直不錯。可是，有一個問題就是她經常無故敏感，只要看到老公跟哪個女孩子聊天，或者傳簡訊，就會懷疑，並追問是誰，如果跟她說是一般的朋友，她還不信，非要老公說是什麼樣的朋友，什麼時候認識的，是不是有意思等等，還經常偷偷的查看老公的手機、電腦。

可是老公總要工作，不可能不接觸外人，有時候生意上有些什麼事情要應酬，回來晚了，她就會跟老公發火，有時老公想解釋，可是越解釋越吵的兇，乾脆就不解釋，讓她冷靜一下，結果她卻說老公採用冷暴力對她，總之說也不是，不說也不是。每次吵架她都要說跟老公離婚，說對方有太多的紅粉知己，甚至說總有一天她會抓到證據。

當初，他們倆是好不容易才在一起的。如果說分手，誰都捨不得，於是老公也就一忍再忍，對她的無理取鬧置之不理。直到有一天，問題爆發了。

鄭女士的老公最近要籌劃一個大案子，工作很忙，合作夥伴剛好是女人。鄭女士覺得老公最近對自己有些冷淡，她就憑著「第六感」跑到了老公辦公室一哭兩鬧三上吊，老公也是個有頭有臉的人，在合作夥伴面前被弄得非常沒有面子，於是沉積已久的怒氣終於爆發了。第一次老公跟她說：「離婚吧！」這下子鄭女士傻眼了。

這樣的女人爲數不少。她們平時心思過密，把老公當賊來防，處處暗哨跟蹤，話裡話外分寸全無，每每遇事醋勁大發，酸得讓人忍無可忍，老公本無二心，這樣下來日子久了，豈能不三心二意？

女人常把敏感，驕傲的定義成神祕的第六感，但當敏感成爲一種病態時，殺傷力可比花粉過敏症嚴重得多。女人的敏感，其實是比男人更容易不快樂的原因。有時候，即便是眼見有時都不能爲憑，更何況是無中生有的直覺。

女人在家庭與責任中旋轉，在道德與情感中徘徊，在事業與愛情中備受煎熬，她們活得很苦，也活得很累。但是男人呢，他們承擔著家庭重擔，在世俗與競爭中超乎負荷的運轉，在權勢與金錢的夾縫中喘息，在愛情與家庭中承受著「我和你媽同時掉到河裡，你要先去救誰」的抉擇……他們活得也不輕鬆，並不那麼隨意灑脫。所以，在家庭生活中，爲了妳的幸福，請別太敏感，神經質更要不得。

不僅對老公是這樣，工作中也同樣如此。過於敏感的性格，會讓她們無法跟同事融洽相處，會給自己帶來許多不必要的煩惱。

每天下班的時候，洋子都覺得很累，卻不是因為工作，而是同事無意中說一句話，就會讓她覺得話中有話，但是她警惕了一段時間，卻發現人家根本是隨便說說；有時，同事對她好意相助，她也無法視為正常現象，要麼過分感激要麼心懷不安。

不久前，因為一時疏忽，洋子在工作上犯了錯，導致自己的部門飽受評論，主管上司也因此感到顏面無光。接受過批評後，洋子做了檢討，也承擔了部分損失，但她依然在大家面前覺得抬不起頭。尤其讓她感到不安的是，以前總是和顏悅色的上司，最近突然嚴肅冷淡，她不知道這是自己的感覺還是上司仍然責怪她。

有一次，她和同事一起到上司辦公室裡匯報工作，一出門她就問同事：「上司今天的話好像特別少。」同事說：「沒感覺啊。」她又說：「昨天我下班遇到他，我打招呼他沒理我。」「可能是急著走沒看見妳吧。」過了幾天，上司又和她有說有笑起來，她這才打消了心中的疑慮。

這種因為性格敏感而產生種種的職場情緒不適，讓洋子身心疲憊。

妳是不是也常常處在這樣庸人自擾的環境下呢？妳是不是總覺得周圍的人看自己不順眼呢？如果是這樣，妳要小心自己是不是犯了所謂的性格過敏症。

人太敏感，就容易想太多，把一些簡單的事情複雜化。過度的在意所有細節，只能讓自己的心裡更加難受。不如在很多事情上學著傻一點，遲鈍一點，不想那麼多，讓自己的世界透明一些，簡單一些，不想也不問那些是非。

也許妳已經習慣用自己的思考模式迅速的分析別人的行爲，即使這樣，至少妳也可以先從裝傻開始做起，即使妳聽到了什麼想到了什麼，也盡量裝著沒聽到沒想到。有意識的克制自己，不輕易的去觸碰自己那過於敏感的神經。告訴自己別人說的話與自己無關，既然自己沒有做什麼對不起別人的事情，就沒有人在說自己的不好，他們都是自己的朋友，就算有意見一定也會當面提出來。

雖然這樣想有些天真，或者偶爾真的察覺不到別人的壞意，但是做這樣的傻女孩，也總比無時無刻折磨自己脆弱的心靈強吧。以簡單的心態應對外來的一切，讓外界的事物影響不到自己，才是最強大的心理戰術。

# 當一隻依人的小鳥

很多聰明能幹的女人怎麼都弄不明白，生活中，那些看似傻傻笨笨的女人，爲什麼總比自己快樂得多、幸福得多？其實，她們更多是在裝傻、裝笨，運用技巧經營感情。

連「亂世佳人」郝思嘉都「樂意裝出一幅貌似莊重、溫順而沒有主見的樣子」至於男人們爲什麼喜歡這樣，思嘉並不清楚，她只知道這樣的方式行得通……她只明白，只要她如此做和說，男人們便會用恭維來回報她，就像數學公式一樣一點都不難。

郝思嘉是一個多麼有個性、多麼聰明的女人。連她這樣的新女性，都可以裝成柔順的小鳥，相信妳也不難做到。她的技巧，值得謹記。

兩個人相處，是一場看不見硝煙的戰爭。有時候我們必須表現的非常強勢，但是有的時候，我們也不得不戰略性的讓男人占上風，滿足他們的尊嚴。平時女人大可以裝傻裝笨裝乖巧，半進半退，其實只是滿足男人的尊嚴，迎合他們的保護慾，最終以柔克剛。

作爲女人，與男人的陽剛相比，本身就是柔弱的。何不守著自己的弱，獲得更多優勢呢？

英國女王維多利亞是歷史上有名的女皇帝，但是私下和丈夫相處，不免也有一般家庭的爭執場面。

有一次，維多利亞女王與丈夫吵架了，丈夫獨自回到了臥室，閉門不出。女王回臥室的時候只好敲門。

丈夫在裡面問：「誰？」

維多利亞傲慢的說：「女王！」沒想到裡面既不開門也沒有聲息。

她只好再敲門，裡面又問：「誰？」

「維多利亞！」她的態度有所緩和。

裡邊還是沒有動靜，女王只好再次敲門，裡面又問：「誰？」

女王這次學乖了，溫柔的說：「親愛的，我是你的妻子。」

這一次丈夫把門打開，給她熱烈的擁抱。

作爲女人，要樂於讓自己居於相對較弱的地位，這樣不是軟弱，而是一種智慧。橡樹因爲強壯而死去，又會因爲死後腐朽變得柔弱；而蘆葦因爲柔弱而得以保全，獲得存在，因能抵禦風雨而顯得堅強。《周易》上說：「陰陽相生，陰極必陽，陽極必陰，互相轉化。水最柔卻能滴水穿石，火亦柔卻能熔化鋼鐵，世間萬物大都如此。」

女人如水，就要學學水的性格，至柔至剛，韌性十足方能百折不撓。聰明的女子會裝傻，會很「弱」，但她的這種弱，卻往往能讓別人「弱」下來。

古語道：「天下之至柔，馳騁天下之至堅。」作爲一個女人，妳更沒有必要表現得非常能幹，表現得比身邊的男士還強勢。爲什麼一定要證明自己比男人強呢？即使證明了又怎樣呢，只會讓身邊的男人女人都對妳敬而遠之。任何時候都不要忘記，妳是一個女人。

不少女人總是在抱怨自己是多麼辛苦付出了多少，當付出後卻又總是得不到男人的愛。在抱怨之前，先想想自己有女人味嗎？是不是表現得太強悍了，管得太多了？

女人到底是什麼？女人首先一定是一個「女人」。柴契爾夫人說：「女人一生所犯的最大錯誤，就是忘記了自己是『女人』。」

男性以他特有的粗獷、沉著、才華、力度和責任感的陽剛之美成其爲一個出色的男性。那麼，女人呢？女性則以她特有的陰柔之美，柔情似水的性格，融成一種陰陽相合的格局。女人若太強了，特有的女性氣質也就消失了。

在這個時代，女性和男性的區別是越來越小了，在更多的領域都能看到女人的風釆。現代的男人似乎感覺到優秀的女人給他們帶來越來越多的壓力。在就業領域感受到權威女性對他們的威脅，在家庭領域能感受到女人們的自立能力越來越強，就連找女朋友也不時的感受到女性獨特又挑剔的眼光。

與之相對的事實是，女博士越來越多，但結婚成了問題；女強人越來越多，但家庭的幸福也成了問題。在現實中好像越是出色的女人，離幸福越遠。

面對這種局面，女人一定不要忘記：「不管我們有多大的能力，不管我們所在的位置多麼重要，不管是失敗還是成功，我們仍然是個女人。不要丟掉女人的柔美，不要太強勢。」

阿佩就是因為過於能幹而失去了一位意中人。她擁有一份相當於經理級的職位，負責整個辦公室的計劃和運作。她工作十分認真，常常因公忘私。

「我時常在約會半途中趕去工作。」她說，「我也常常越俎代庖，要求男朋友做這做那。因為他很少有機會向我獻殷勤，像幫我脫外衣或拉椅子等等，我一向忙碌，早就養成自己做這些事的習慣了。我不只是能幹，而且已經過頭了！這使他完全沒有插手的餘地，我也因此失去了他。」

另一個外國女孩也講述了她的經歷：「我和許多其他的女人一樣，也是在失去某個對象之後，才逐漸體會到這一點。好幾年前，我與一位年輕男士交往，有一陣子算是相當親近。那時，我正熱衷於地方性的政治事務，大部分時間都用在這一類活動上。當我沒開會或沒有活動的時候，便與男友在一起，告訴他某位法官說了什麼話，或某些官員做錯了些什麼事等等。

有一次，他忍不住對我說：『妳曾是個很不錯的女孩，現在卻成了一份活傳單。假如我想聽政治性演講，我希望去參加黨政會議。至於現在，我希望與一個真正的女人在一起，使這個夜晚過得愉快。』

後來，我聽說他與一個身材窈窕、小鳥依人的女子結了婚，婚後過得極為幸福快樂，他的太太把家務料理得很好。」

看完這些故事，妳有什麼感觸？不管妳有多麼獨立多麼精明，但是任何時候都不要忘記了自己的性別。當妳不小心想要咄咄逼人的時候，記得提醒自己，妳是個女人，妳是擁有嫵媚的殺手。做一個藏起自己力量的傻女人，妳會獲得更大的力量。

# 傻氣的女人，惹人疼愛

在一家格調高雅的茶樓，一對情侶在柔和的燈光下慢慢品茶。男子是那樣的偉岸，女子溫柔、傻氣、一副可愛的模樣。男子忍不住輕輕的說了一句：「妳太可愛了，我的傻女人。」女孩聞言含情脈脈的看著男子，很美很美的女人模樣。

那些喜歡女孩「傻得可愛」的男人，自然有他的道理——男人最怕女孩工於心計、過分尖銳。再成熟的男人，在戀人面前也是個小孩，既希望自己愛著的女人給他母愛似的寬容和理解，又希望她有一份童心，能跟自己傻傻地、真實地相處——與這種「傻」女孩在一起，男人覺得既安全又溫馨。

一些笨笨傻傻的女孩，在遇到難題的時候會顯得非常可愛。

劉彥喜歡打撲克牌，只要有空就會約女朋友和另外一對朋友去茶坊打牌。但是他那位經濟系畢業的女朋友，打牌特別會算計又好勝，而且說話不饒人，每次劉彥出錯牌，她不是給他臉色看，就是當場數落，讓他在朋友面前很沒面子。

本來打牌是為了放鬆，可是卻變成做功課，不斷轉動腦筋。後來，劉彥和她分手了，當然不是為了打牌這樣的小事，不過大家可想而知，她的自恃聰明和尖銳的個性一樣也會表現在其他事情上，劉彥只好臨陣脫逃。

後來，他又有了新女友，有空還是一道去打牌，但是現在的氣氛不一樣了——他偶爾出錯牌，女友會很寬容的笑笑或扮個鬼臉；到了勝負關鍵時刻，她還會偷偷給他做暗號。牌贏了，女友拍手又歡呼；牌輸了，她要懲罰他，但這種懲罰讓他覺得比獎勵還舒服——她要他送她回去，並要他揹她上樓，直到她家門口。所以劉彥有時候還故意輸牌。

這個可愛女孩傻的地方還有很多，比如她會花一整天為他做生日卡片，而不是花幾分鐘去店裡買；她很會打扮，卻從不讓他陪著逛街。她說兩個人在一起就要做兩個人都願意做的事；她有著很可愛的笑容，是種真誠和燦爛的笑，讓人深深的受到感染。

身爲女人的妳，或許根本想像不出男人是多麼喜歡女人的可愛。有這樣一道選擇題：「財富、美麗、智慧、精明和可愛」如果女性擁有以上條件，男人最欣賞的是什麼？網絡上的統計令人大感意外——大多數男人都選擇了女人的可愛。由此可見，一個女人的可愛能夠勝過百萬家財，抵得過一個女人的美麗妖嬈。

「美麗的女人不一定可愛，可愛的女人卻一定美麗」這句話的本質是——美麗是表象，可愛卻在骨子裡。一個不美麗的女人，雖然可以透過日新月異的整型技術，成功改造爲一個「人工美女」。但在男人的眼中，最可愛的女人並不停留在外表上，她們更注重的是心靈的色彩。

或許妳沒有可愛的臉蛋和嬌嗲的聲音，但也同樣可以成爲可愛的女子，因爲有些可愛是所有女人都可以擁有的，比如羞澀。

一個男人講述了自己和妻子的感情由熱變冷的過程：

我和程薇是去年在一次超市購物時認識的。她當時讓我眼前一亮，牛仔褲，白T恤，烏黑的長髮。她看起來是那麼清純媚人。她當時抱了一堆東西，慌忙間一包零食掉在了地上。我隨手撿起來遞給她。

「謝謝。」她眼裡有著少女般的純真和羞澀。

「妳手裡的東西太多了，我幫妳提吧。」我找到了接近她的理由。

她點點頭，算是默許。

像所有的浪漫故事一樣，我們開始戀愛了。又像所有的浪漫故事一樣，我們終於走進了婚姻的殿堂。而我們從認識到結婚只花了半年時間。

不過結婚後，朝夕相處讓我對她的感情一天天冷卻下來。也許妳會覺得奇怪，也許妳會認為我有了外遇。但是猜錯了——在我眼裡，程薇是一個十分有魅力的女人。她清純、美麗、寬容，但是恰恰在我們結婚之後，她的這些魅力消失殆盡了。

我每天看到的都是她最庸俗的一面，我發現她很世俗，整天和一些無所事事的女人混在一起；談論的話題永遠都離不開化妝品、衣服、寵物；她的衣著也在發生著變化，當初的清純形象不見了，取而代之的是艷麗和媚俗，渾身上下都散發著一種俗氣；還有她的喜怒無常和虛榮心都令我逐漸產生了厭惡感。

由此可見，不能因爲結了婚就放棄了自己的可愛，丟棄了讓自己更可愛的羞澀。

男人喜歡大方的女人，但女性特有的柔美羞澀更能增添女性的魅力，會讓女人更具魅力。羞澀的女人更可愛，也最討人喜歡，就像在女人最害羞的初戀中。

初戀，就像含苞待放的花朵，燦爛在情竇初開的時節，卻只能開放在記憶深處。如果女人總能保持初戀時的那種羞澀，那種純情，這種可愛是無與倫比的。

# 鄰家女孩，更有親和力

哈佛商學院的兩位管理學專家，蒂齊亞納．卡夏羅和杜克大學的索薩．洛沃，分析了多種職場關係，得到結論是：「大多數人寧願與討人喜歡的傻瓜一起工作，也不想和有本事的討厭鬼共事。」卡夏羅強調說：「員工有問題總願意找他們覺得可親的人幫忙，即使這個人的水平不高。」雖然說的是職場上的道理，但同樣也適用於社交場合和日常生活，因爲不管在那種情形下，跟別人打交道時，親和力都是一種不容忽視的能力，它可以成爲妳自身無形的資本。

妳可以看到，「討喜的傻瓜」是非常受歡迎的，這也許可以解釋爲什麼人們更喜歡傻呼呼的鄰家女孩，因爲她們非常有親和力，讓人感覺更

「安全」。

大陸主持人謝娜，在一開始的時候，其實並不特別被看好。但是當大家對她熟悉了以後，發現她確實有著很明顯的優點和親和力。這個看起來沒有心機的女孩子，在舞台上極度的放鬆和快樂，有一點人來瘋，但讓人感覺非常輕鬆。她的臨場反應能力強，不惜展現自己的不足，甚至有裝瘋賣傻的嫌疑，換來的卻是觀眾的快樂。這種娛己娛人的精神讓她不僅獲得了大量觀眾的心，顛覆了傳統淑女形象，也讓她成功的確立了自己的地位。這樣一個看起來有點傻呼呼的女孩，或許沒有黛安娜王妃那樣高貴，沒有歌手王菲那般脫俗，但毋庸置疑地，更有親和力，不是嗎？

人人都害怕被拒絕，這是人的天性。當妳看起來「安全」時候，妳就減少了別人對妳的恐懼感，使自己很受歡迎。妳顯得與別人相似，即不高人一等或不與眾不同時，接近妳的風險就會比較小。當妳看起來和別人差不多時，別人會更加確定自己會從妳那裡得到什麼，也更加確定妳會理解他，和他有共同點。

比如，當妳在宴會上一個人站著，不和別人進行密切交談時，通常接近妳的風險就會比較小——因爲接近妳的阻礙很少。甚至當妳與別人交談的時候，如果妳採用一種開放的姿態，給別人留了加入的餘地，接近妳的風險也會顯得比較小。說穿了，妳要讓自己顯得足夠「安全」，這樣別人就更願意與妳交往。這很簡單，妳只需要對別的客人的話題感興趣，對音樂或者食物表示讚賞——而不是把焦點集中在自己的特質上或者讓自己表現的與眾不同就行了。

身爲女人，和男人相比，在社交過程中妳會擁有很多優勢，親和力就是其中一種，這也正是爲什麼人們都說女人是天生社交家的原因，妳所散發出的親和魅力會讓妳的社交道路更加平坦。當然，儘管女人們有天生的親和力，也還是需要不斷的鍛鍊，否則很可能會逐漸失去。

如果妳是精明能幹的女子，更要注意，偶爾也要像傻呼呼的鄰家女孩一樣，那會讓妳的人緣更好。

蘇珊是一位來自洛杉磯、經驗豐富的女商人。她有著時髦的行頭，講究品味。蘇珊因為想放慢生活節奏、得到更多的歸屬感，而搬到西南部的一個小城鎮。

儘管她喜歡這個城市和那裡的居民，但是她感到她不受歡迎。最後，她的同事告訴她，她的穿著和交談方式讓當地人覺得她在裝腔作勢、高人一等。

從那之後，蘇珊特意穿得很隨意，與人談論當地的事情，多向人請教，多參加社交活動，試著讓自己更加容易接近。雖然一開始她感到很不舒服——不習慣穿卡其布，不習慣談論經營牧場。但是她發現，她與新鄰居和同事更加容易交談了。適應當地環境的行為是正確的，這種行為不僅讓別人感到自在，也讓別人感到與妳相處很舒服。這樣做是告訴別人：「妳喜歡他們，妳對他們沒有威脅感。」

相反，如果恃才傲物，語言凌厲，對某方面不如己者，要麼不屑一顧，要麼惡語相向；或者，以己之長、量人之短，以己之聰明、襯人之笨拙；不著力的顯露自己，卻對別人的所作所為和喜歡愛好漠然置之，不屑談交往對象關心的話題，這都不是有親和力的表現，如此待人接物，人們便會對妳避而遠之，使妳雖然處於人群之中，卻感到孤立無援。

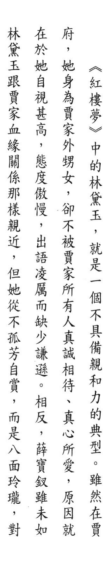

《紅樓夢》中的林黛玉，就是一個不具備親和力的典型。雖然在賈府，她身為賈家外甥女，卻不被賈家所有人真誠相待、真心所愛，原因就在於她自視甚高，態度傲慢，出語凌厲而缺少謙遜。相反，薛寶釵雖未如林黛玉跟賈家血緣關係那樣親近，但她從不孤芳自賞，而是八面玲瓏，對上能尊敬親近賈家的長者，對下能隨和謙遜不刻薄下人。

因此，她被賈母鍾愛，也被王夫人看中，就連丫環老媽子們也大口稱讚。最終她成了賈家二少奶奶。想來，雖然有諸多因素，但薛寶釵的個性具有親和力是其深得人心的重要原因之一。誰都喜歡與沒有威脅、平易近人的人交往，如果妳具有鄰家女孩一樣的親和力，那妳在社交過程中一定會輕鬆自在，交到一大群好朋友。

當然，凡事都要有個分寸。如果妳為了表現自己的親和力而和一個不夠熟識的人過分親近，則會讓對方感覺不舒服。

在一些不太正式的場合，如果妳能做到像鄰家女孩一樣傻氣、可愛，看上去容易接近，當然會受到極大的歡迎。

# 適時傻氣，適時銳氣

愛情是有溫度的，從戀愛初期到熱戀會慢慢的升溫，等升到一定的溫度就會逐漸的降溫，這是必然的。如果妳不懂慢慢地給予妳的愛，一下子就將愛情的溫度升到高點，那只會燒毀脆弱的愛情。想使愛情的溫度持久，就要恰如其分的拿捏著愛情的分寸，永遠保持一點神祕感，慢慢把妳的愛給予他。所以，女人要穿多層外衣，有時候做一個可愛的傻妞，有時候又是一個文雅的淑女。這樣就能有效的讓自己更有魅力，讓對方更有興趣。

不管是戀愛還是婚姻，與其讓妳的愛迅速升溫，繼而又迅速冷卻，還不如讓它慢慢升溫，慢慢給予妳對他的愛，這樣既安全又溫暖。只有涓涓細水，方能清水長流。給他糖，一次只給一顆，這樣才能吊足他的胃口，讓他對妳永遠有追求的慾望。

有人說，婚前的女人是百靈鳥，婚後的女人是麻雀。很多男人在結婚前，都堅信自己的妻子一定是百靈鳥，可是結婚後才驚覺上當。

阿海結婚不到八年，就完全嘗到了一個女人從一隻百靈鳥轉化為麻雀的苦惱。

他是個中學國文老師，平常愛寫新詩，往各家報章雜誌投稿。寫文字，最渴望的環境當然是寧靜，但是，每當他剛坐下來，妻子的嘮叨聲就不絕於耳，像隻亂蜇亂飛的小蜜蜂，天天被擾得心煩意亂，文章也寫不下去了。

然後他就想了一招，他知道妻子早上不愛早起，自己就特地早起，安靜的穿好衣褲，躡手躡腳走出臥室，來到客廳，打開電腦開始寫作。那是他一天中唯一安靜的時候，唯一沒有嘮叨於耳的時候，他甚至每天祈禱上帝，讓妻子永遠熟睡下去。

但是還沒等他寫完八百字，隔壁就傳來了妻子的嘮叨：「天天晚睡早起，寫什麼驚世之作？沒你，文壇也不會解散。」他的火氣也來了：「妳能不能少說一句？我早晚要被妳的嘮叨聲折磨死……」說著關了電腦，沒吃飯就上班去了。這個時候如果阿海的老婆能夠露出點傻氣，結果就會截然相反。適時傻氣、適時淑氣，是讓女人散發無限魅力的關鍵。既可愛又端莊的女人，誰不喜歡呢？

如果妳覺得他身上有個毛病讓人難以忍受，如果他做錯了一件事，如果他的朋友惹妳生氣了，如果他忘記了妳生日……妳對他的意見，妳的抱怨，只要說一遍就停止吧。一遍，他也許還能夠忍受，再說，他也許就要爆發了。如果妳不想聽到他大發雷霆，說他受夠了妳的嘮叨，那就要學會適時閉嘴，做一個嫻雅的淑女，妳不說，他反而會意識到自己的問題，自覺性的改掉妳所不喜歡的習慣，這才是皆大歡喜的結局。

做一個多面的女人，既有點可愛的傻氣又有淑女的嫻靜，給人美妙的神祕感，最終妳會成爲一個迷人的女人。可是這「多層外衣」又該怎麼穿呢？

先從穿衣說起。想想看，妳上班時穿著穩重的套裝，瀟灑幹練；舞會上裙襬飄飄，浪漫而又迷人；到了家裡，換上樸素而又舒適的居家服，溫馨而大方。只是換件衣服，就可以使女人一會兒成爲大家閨秀，一會兒成爲小家碧玉，這不是很好的做法嗎？

人生是一個大舞台，每個人都是人生這個大舞台上的模特兒。爲了酷到極致，甚至可以在臉龐點上兩粒珍珠淚，以此來呼應從頭到腳的一襲藍色；也可以散漫到極點，乞丐衫飄飄，內衣外穿，將外面的世界視作自家的庭院；可以黃頭髮，也可以紅頭髮。反正女性只要自己高興或悲傷，就可以大張旗鼓的把自己修飾得「六親不認」或「一人千面」，當然，前提是妳的裝扮適合自己。

好的演員，可以演什麼像什麼，也可以從十六歲演到六十歲；拙劣的演員就是演來演去還是像他自己。生活中的女人想做一個「好演員」並不難，只要知己知彼，便能夠百戰不殆。

也許妳不太適合艷麗造型，但「清純可愛」和「清爽怡人」這兩種形象幾乎適合所有女人，何不讓自己偶爾變換一下穿著風格呢？平日端莊賢淑的妳，約會的時候，不妨來件久違的公主袖和蕾絲襯衣，配上卡通風格的飾品，經過這身打扮，妳會不由自主的受自己外形的影響，表現出傻氣的可愛。

「多層外衣」不是換件衣服就夠了，妳還要做到內外兼修。聰明的傻女人，會在愛人面前常扮演著不同角色的「千面」好妻子。當愛人不開心時，她可以像個大姐姐般去安慰他，直到他的嘴角露出幾許笑容；當愛人生病時，又像母親一樣把他抱在懷裡輕輕拍打他的雙肩，並給他煲上一鍋好湯，讓他溫暖；不過當她自己有什麼委屈時，又會像個小孩子般在愛人面前哭泣，以博取他的呵護和安慰。有時候她是女兒，有時候她像媽媽，有時候她像情人，有時候她又像哥兒們，這樣百變的女人，是多麼動人心魄。

除此之外，聰明的女人還懂得讓自己的氣質也一樣多變，與自己角色、外形的多變達到一致。書和電影、音樂是她形影不離的好夥伴，而且絕對是風格多樣。她可以看卡通片看得津津有味，然後在不高興的時候模仿笑笑羊，她也可以對足球保持狂野的熱情，陪男友聲嘶力竭的吶喊，不管是經典文學還是日本動漫，她都能像海綿吸水一樣綿綿不絕的吸收，內化爲自身的氣質。這種集幹練與溫柔於一身，時而高雅時而可愛的氣質，總是會在不經意間感染身邊的每一個人，非常惹人喜歡和欣賞，當然也包括自己的另一半。

# Clever 聰明的第四步 學會裝傻處世

**女人的心胸要如同江河般寬廣，情趣要如同小女人般細膩卻不矯作。這是現代社會，女人的處世之道。**

心胸寬廣的女人，不要太嘮叨。自己把該做的做好，再去要求別人。只會要求別人，這樣只會貶低自己。真正有寬大心胸的女人，不會總是在小事上斤斤計較，也不會包容不了對方的小缺點；心胸寬廣的女人要嚴以律己，寬以待人。無論他是朋友，還是愛人，是同事還是陌生人。總是把心思放在瑣事上的女人，肯定不可能在事業上有太大的建樹；心胸寬廣的女人，無論遇到什麼困難，都不要用自己只是孱弱的女人做藉口。

只有心胸寬廣的女人，才能撐起自己的天空、事業，才能擁有美滿的婚姻。

# 裝傻處世才是聰明之舉



當今社會，與人相處，只要稍有點處理不當，就會招致不少麻煩。輕則工作不愉快；重則影響職業生涯。在當今社會，主張的是個性張揚、才華外露，這固然是人性解放、社會發展的表現。但很多時候，爲了以後的發展前途，我們更應該暫時收斂一下自己的鋒芒，適當的降低自己的姿態。女人，在面對紛繁複雜的事情時，不要一味的硬碰硬，有時候裝傻不失爲一種聰明之舉。

「難得糊塗」歷來被推崇爲高明的處世之道。只要妳懂得裝傻，其實並非傻瓜，而是大智若愚。做人切忌恃才自傲，得理不饒人。鋒芒太露，容易遭嫉妒，更容易樹敵。功高震主不知道給多少下屬招致殺身之禍。

與上司往來最重要的技巧就是適時「裝傻」：「不顯露自己的高明，更不能糾正對方的錯誤。」人際交往，裝傻可以爲人遮羞，自找台階；可以故作不知達成幽默，反唇相譏。妳必須有好演技，「傻」得恰到好處。誰不識其中真相誰就會被愚弄；誰不領會大智若愚之神韻，誰就是真正的傻瓜、笨蛋。

美國開國元勳之一富蘭克林年輕時，去一位老前輩的家中做客，昂首挺胸走進一座低矮的小茅屋，一進門，「砰」的一聲，他的額頭撞在門框上，腫了一大塊。老前輩笑著出來迎接說：「很痛吧？你知道嗎？這是你今天來拜訪我最大的收穫。一個人要想洞明世事，練達人情，就必須時刻記住低頭。」富蘭克林記住了，也就成功了。

古典小說《紅樓夢》中有一段這樣的故事：

元春省親與眾人共敘同樂之時，製作一燈謎，令寶玉及眾裙釵粉黛們去猜。黛玉、湘雲一干人等一猜就中，眉宇之間甚爲不屑，而寶釵對這「並無甚新奇，一見就猜中」的謎語，卻「口中少不得稱讚，只說難猜，故意尋思」。有專家指出：「此謂之『裝愚守拙』，因其頗合賈府當權者『女子無才便是德』之訓，實爲『好風憑借力，送我上青雲』之高招。」讀之而想，不由得拍案叫絕，薛寶釵的「裝傻」謀略實在令人佩服，其待人接物極有講究，且善於從小事做起，都是值得當代女性學習的地方。

在政治風雲中，有時當危險要落到自己頭上時，透過裝傻，還可以達到逃避危難、保全自身的目的。

古代著名的軍事大師孫臏，遭到龐涓暗算後，身陷絕境。然而孫臏不向惡勢力妥協，他決定佯狂詐瘋，以戒除龐涓的警惕之心，然後再圖逃脫之計。

一天龐涓派人送晚餐給孫臏吃，只見孫臏正準備拿筷子時，忽然昏厥，一會兒又嘔吐起來，接著發怒，張大眼睛亂叫不止。龐涓接到報告後親自來查看，只見孫臏痰涎滿面，伏在地上大笑不止。過了一會兒，又嚎啕大哭，龐涓非常狡猾，為了觀察孫臏發瘋的真假，命令左右將他拖到豬圈中，孫臏披髮覆面，作勢倒臥豬糞污水裡。

此後龐涓雖然半信半疑，但對孫臏的看管比以前大大的鬆懈了。孫臏也終日狂言誕語，一會兒哭一會兒笑，白天混跡於市井，晚上仍然回到豬圈之中。過了一些日子，龐涓終於相信孫臏真的瘋了，這才使孫臏不久後得以逃出魏國。

「裝傻」不僅是古代人在處理問題時採取的策略，也是在現代國際外交方面的有效方法。

在一次聯合國會議休息時，一位發達國家的外交官問一位非洲國家大使：「貴國的死亡率一定不低吧？」非洲大使答道：「跟貴國一樣，每人死一次。」外交官問話是對整個國家而言，對非洲的落後存在挑釁，大使並不理會其問話的要害點，故意將死亡率針對每個人，頗具匠心的回答，營造著別樣的幽默效果。

幽默有效的回敬著傲慢，非洲大使維護了本國尊嚴。

答非所問講究技巧，抓住表面上某種形式上的關聯，不留痕跡的閃避實質層面，有意識的中斷對話邏輯的連續性，尋求異軍突起的表達，幽默旨在另起新灶，跳出被動局面的困擾。

有個愛纏人的先生盯著小仲馬問：「您最近在做些什麼？」

小仲馬平靜的答道：「難道您沒看見？我正在蓄落腮鬍。」鬍子是自然而然長的，小仲馬故意把它當做極重要的事情，顯然與問話目的不符合。小仲馬表面上好像是在回答那位先生，其實並沒給他什麼有用訊息。小仲馬自然懂得對方問話的意思，但他偏要答非所問，用幽默暗示：「不要再繼續糾纏。」

生活中，女人不要總是太「精明」，若能「裝傻」惹得對方疼惜憐愛，不是更勝一籌的「精明」嗎？適當的「裝傻」，不僅給對方適當的餘地，適當的讓對方佔據上風，對自己絕對是沒有損失的。長此以往，與他人的交往就會更加的自在。

當妳早就看到那個手拿著早餐到自家樓下的男人，出門時請依然裝作一副無比驚訝的樣子，再接過他手上熱騰騰的早餐，讓他空出來的左手握著妳的右手。當男人說出「妳比天上的星星還美」這樣稍嫌有點老套的話語時，也許妳只要同樣有點老套的顯出不好意思的樣子，低下頭，他的手掌就會覆上妳的手背。這樣的生活難道不是每個女人都一心想要得到的嗎？

# 給自己和別人都留點餘地

有一次，一位傑出的女雕塑家應邀為某座城市的市中心廣場做大理石雕像。雕塑完成了，市長帶著一大幫官員們前來參觀。這位女雕塑家的作品美輪美奐，大家都看得讚不絕口。市長本身不懂雕塑藝術，可是他覺得不發表點意見似乎顯示不出自己的權威。於是他開口了：「妳這雕塑的鼻子好像高了點。」

隨從的官員都知道市長的脾氣，也深知藝術家的秉性，所以都捏了一把汗，擔心她會與市長爭執。可是她二話不說，叫助手們拿來長梯子，從地上抓起錘子和鑿子，爬了上去。她在鼻子上叮叮噹噹的敲打一陣，碎石屑紛紛落下。然後她回到地面，看著市長。

市長笑容可掬：「對了！對了！這就合適了。」官員們前呼後擁的跟著市長走了。

一位助手看出了破綻，問道：「老師，這個鼻子並沒有動？」

女雕塑家答：「當然沒有動。」

「那…？」

她伸開握著鑿子的手，那手心裡還留著一小把碎石屑：「這些都是從地下帶上去的。」面對市長的無理批評，她沒有當真，而是採取了最聰明的方式。

試想當時如果她開口與市長辯論，顯然，作為內行的她肯定能讓市長面紅耳赤。可是，不給市長留面子的結果會怎樣呢？她的作品還能順利問世嗎？答案顯而易見。

「待人而留有餘，不盡之恩禮，則可以維繫無厭之人心；御事而留有餘，不盡之才智，則可以提防不測之事變。」說的就是說話、辦事留有餘地的作用。待人辦事如此，說話更是如此。

客家人有句俗語：「人情留一線，日後好見面。」生活中很多尷尬是由自己一手造成的。其中有一些就是因爲話說得太絕造成的。凡事多些考慮，留有餘地，總能給自己留條後路。

這在外交辭令中是最常見的，每個外交部發言人都不會說絕對的話，要麼是「可能、也許」，要麼是含糊其辭，以便日後有變故，可以有轉圜餘地。所以，說話、做事都圓融得體、留有餘地是衡量一個女人是否老練成熟的標準。

在某個晚宴上，小梨學到了一個極有價值的教訓。那天晚上，小梨和朋友晶晶一起去參加宴會，宴席中，坐在小梨右邊的一位先生講了一段幽默笑話，並引用了一句話，意思是「謀事在人，成事在天」。他說那句話出自《聖經》，但他錯了。小梨道正確的出處，為了表現出優越感，小黎很直接的糾正他。那人立刻反唇相識：「什麼？出自莎士比亞？不可能，絕對不可能！那句話出自《聖經》。」他自信確定是如此。

那位先生坐在右邊，朋友晶晶在她左邊，晶晶恰好是外國文學畢業，研究莎士比亞的著作已有多年，於是，他們倆都同意向晶晶請教。晶晶聽了，在桌下踢了小梨一下，然後說：「小梨，這位先生沒說錯，《聖經》裡有這句話。」那晚回家路上，小梨對晶晶說：「妳怎麼搞的，當著外人的面給我難堪，妳明明知道那句話來自莎士比亞！」

「是的，當然，」她回答，「《哈姆雷特》第五幕第二場。可是親愛的小梨，我們是宴會上的客人，為什麼要證明他錯了？那樣會使他喜歡妳嗎？為什麼不給他留點面子？他並沒問妳的意見啊！他不需要妳的意見，為什麼要跟他抬槓？所以，是妳當真在先，妳不該挑起爭端。」

我們都應該跟小梨一起學習這堂課。同時我們還要注意，這堂課中有一個反面角色，就是那位說錯話的先生。自以爲是的人容易把話說滿，總覺得自己的見解沒有錯，根本不容分辯，於是馬上定論，不留餘地。

但是，要知道杯子留有空間，是爲了輕輕晃動時不會把液體溢出來；氣球留有空間，是爲了不會因輕微的擠壓而爆炸；人說話留有空間，是爲了防止「例外」發生而讓自己下不了台。如果不是遇到了聰明的晶晶，那麼那位先生可真的是要丟臉了。

所以，正反兩方面的例子都在告訴我們：「說話、做事的時候，我們都要隨時提醒自己，不要當真，給別人和自己留點餘地，使自己可進可退，這好比在戰場上一樣，進可攻，退可守。有了這樣牢固的後方，出擊對方，又可及時的退回，自己依然處於主動的地位。」這樣雖然不能保證自己就一定會處於戰無不勝的地位，但是至少可以保證自己不會敗得一場糊塗。

除了不跟別人進行無謂的爭辯之外，不當真的另一個表現是「得了理要饒人」。人與人相處，發生爭吵在所難免，甚至夫妻那樣的親密關係，也不會例外。對此，一旦有了紛爭，即使認爲自己有理，也應避免過分的數落、指責。這時候，最好的方式是使用調侃、幽默的言語，澆滅對方的怒氣，達到釋疑解紛的效果。

一位丈夫徹夜未歸，隔日回到家中，妻子埋怨了幾句，兩人便你一言我一語的爭吵起來。忽然，妻子說：「算了，沒什麼了不起，男人晚上不回家都成了流行——我唯一要提醒你的是：『熟悉的地方還是有風景的！』」妻子雖然占上風，卻沒有「痛打落水狗」，只是調侃了幾句，便使一場衝突得體的結束了。

留餘地，包含兩方面的意思：「一是給自己留餘地，使自己行不至於至絕處，言不至於極端，有進有退，從容自如，以便日後更能機動靈活的處理事務，解決複雜多變的社會問題；二是給別人留餘地，無論在什麼情況下，也不要把別人推向絕路，迫使對方做出極端的反抗，這樣一來事情的結果對誰都沒好處。」

當雙方的爭論已到劍拔弩張的時候，占理得勢的一方應當有「得饒人處且饒人」的風範；切忌窮追猛打，將對方逼入死胡同。那樣不僅不能辯贏對方，反而會擴大問題衝突。

當然，「饒人」也要講究語言藝術，這就是力求在無損於雙方面子和尊嚴的情況下達成妥協。要做到這一點，言語方式和內容的選擇是否恰當，就顯得格外重要了。方式主要有五種：「利用幽默、給台階下、誠懇解釋、提出難題、以柔克剛」，都是要與實際情況相搭配，以解決問題。

和別人相處時，「得理不饒人」是妳的權利，但不妨「得理且饒人」，這樣也給自己留條退路。人海茫茫，但卻常「後會有期」，妳今天得理不饒人，哪知他日二人狹路相逢？若那時他有理妳無理，吃虧的就只有妳了。所以說，得饒人處且饒人，給別人留點餘地，其實正是為自己留了後路。

因此，在待人處世中，不妨做一個傻一點的女人，千萬不可把事做絕，要時時處處爲自己留下可以轉圜的餘地。就像行車走馬一樣，妳一下跑到山窮水盡的地方，調頭就不容易，妳留有一些餘地，調頭就容易多了；還像在簽訂合約時那樣，總要有一些不可預見條款和免責條款。倘若能夠做到這樣，妳才是一個真正聰明的女人。

# 聰明的傻女人，總是看到別人的好

在希臘神話中，美杜沙是一位極其漂亮的凡人女子，她的頭髮尤為漂亮，有人讚揚她甚至比雅典娜還美麗，因此激怒了雅典娜。也有人說，美杜沙和海王波塞冬熱戀，令暗戀波塞冬的雅典娜大吃其醋。

總之，這位美麗的女人讓智慧女神雅典娜嫉妒了，於是雅典娜就將美杜沙滿頭金髮變成毒蛇，更詛咒看到美杜沙美麗眼睛的人將會變成岩石。儘管美杜沙已經如此，雅典娜還是不肯放過她，命令佩爾修斯前去割下美杜沙的頭顱，並且將美杜沙的頭顱用來裝飾自己的神盾。

這就是嫉妒，在它面前，連身爲智慧女神的雅典娜也失去理智。

上帝對一個女人說：「我可以滿足妳的任何一個願望，但前提是妳的鄰居會得到雙份的回報。」女人高興不已，但又一想：「我要是得到一箱珠寶，她就會得兩箱，我要是得到漂亮的臉蛋和身材，那個嫁不出去的女人就會比我漂亮兩倍。左思右想，覺得還是吃虧，實在不能讓鄰居占這麼大的便宜。」最後，這個女人一咬牙，終於做出了決定：「上帝，祢挖掉我一隻眼睛吧！」這就是嫉妒，典型的損人不利己。

故事和笑話都是在譴責女人的「嫉妒」。

虛榮和嫉妒，似乎是女人血液中流淌的「毒液」，是絕大多數女人都難以避免的弱點。比如，朝夕相處的同事升遷了，妳本來該替她高興，可是實際上妳悵然若失；看到一個剛剛訂婚的同學手指上戴著兩克拉的鑽石時，妳驚訝的讚嘆，不過實際上妳心如刀割，這就是嫉妒的滋味。

但是，也有一些「傻」女人，她們不但不會嫉妒別人，反而總是看到別人的好，總是在稱讚別人、欣賞別人。然而正是這些傻女人，會出奇的受歡迎。

當女人與女人相處時，她則會感到輕鬆自然得多，無須那麼矯揉造作，談話內容也比較隨意自由，這使得彼此談話時就充滿了溫暖的氣氛。來自同性的欣賞和讚美，往往會使對方聽來十分親切真實，完全是發自內心的欣賞，這使對方產生了一種「知音」的感覺，因而更能增進彼此的友誼，縮短交際的距離。

事實上，女人之間真正有矛盾與隔閡的並不多，有深仇與大恨的就更少了，女人看不慣女人，已經司空見慣了，特別是那些美麗的、智慧的、優雅的、年輕的、嫁得好的、背景雄厚的最容易被看不慣。

漂亮的瞧不起醜的，醜的說漂亮的不正經；有錢的嘲笑沒錢的，沒錢的說有錢的不是正道的；聰明的瞧不起嫁得好的，嫁得好的看不慣要小聰明的。仔細想想，其實原因不外乎兩個字——嫉妒。至於嫉妒什麼，恐怕連女人自己也很難說清楚，想聽到女人讚美女人實非易事，審核標準之高，幾近苛刻。

數數和自己能稱得上朋友的同性有幾個，如果能數出幾十個，妳一定是一個懂得欣賞同性的女人，而妳也一定被更多的女人欣賞著，如果只有寥寥的十幾個，或者更少，那妳一定得好好思考了，問題出在別人身上還是自己身上？於是要開始檢討自己，這是一個比較困難的過程，因為妳要學著去發現別人身上的優點而淡忘她的缺點，學會去肯定她、欣賞她、讚美她，當然不是虛假的讚美與肯定，而是由衷的、真誠的。

「女人，請試著去欣賞妳身邊的女人！」因爲在妳的欣賞下，我們都會變美；在妳的讚美下，男人會覺得我們更美。

不時在工作場合發現，有人爲別人的成功喝彩歡呼時，另一些人表現出一副不屑的表情，他們的內心則是「爲什麼那個人不是我？」這種現象也會出現在同業中。所謂「同行如敵國」，即使是好朋友，遇到利益衝突時，背後中傷，甚至刀鋒相見，也不足以爲奇。

也許因爲企業內競爭太激烈，使自己處於必勝優勢，就把別人逼入絕境，這才是生存之道。因而常見這樣的人：「自己有了成績，有了榮譽，就歡呼雀躍，神采飛揚；別人有了成績，有了進步，卻視而不見、充耳不聞，甚至冷嘲熱諷，挖苦、嫉妒。」

真誠的爲別人取得的成績，取得的進步，取得的榮譽喝彩，是一種胸襟，一種氣度。只有不斷開闊自己的胸襟，恢弘自己的氣度，才能不斷擁有成就事業的吸引力和凝聚力。聽到別人有了成績就不自在，看到別人有了進步就不痛快，是心胸狹窄、氣量狹小的表現。這樣的人很容易成爲孤家寡人，不會有很多人願意與他合作、共事和創業的。

學會欣賞別人，是一種人格修養，一種氣質提升，有助於自己逐漸走向完美。一個人總能在某一方面勝過別人，但在這一方面也總會有人比他強，所謂「一山還有一山高」，就是這個道理。每人都各有所長，隨時發現別人的進步，隨時爲別人的成績而喝彩，這對於一個人的生存能力、合作能力、發展能力的提高，都具有重要意義。

讚美他人並不難做到，這要求我們去發掘生活和工作周圍的人，想想他們的好處和優點，並毫不吝嗇的稱讚他們，這將會在人與人之間形成良性互動，使我們的社會和工作環境更溫馨可愛，作為個人的人際關係也能大大改善。

作為一名女性，在讚美另外一位女性時，除了可以像男人那樣讚美她的容貌、氣質、性格、才藝外，妳不妨站在女性的角度上，以服裝、縫紉、烹調、家居等方面為話題去讚美。這樣妳的讚美一定會引起對方的興趣，她會因遇見了妳這樣一位欣賞者而感到十分高興。

女人讚美女人的妙處，在於女人情感細膩，不僅關注的是她的外表，更關心她的生活、命運和情感。在讚美中，妳付出的僅僅只是幾句真誠的話語，卻有機會獲得大量的生活知識和真摯的同性友誼，何樂而不為呢！

聰明的「傻」女人手中有根羽毛，當她見到乍看像石頭一樣的東西時，會輕輕彈掉它身上那層土；聰明的「傻」女人知道閃光的不一定是金子，但金子一定閃光。

聰明的「傻」女人懂得用欣賞而非嫉妒來對待同伴，還知道只有擁有屬於自己的世界並不斷的更新自己，才會魅力無窮；聰明的「傻」女人善於感知別人對她的好，並有一顆回報的心。

# 即使受到攻擊，也要保持微笑

每個人都會犯錯，別人無意中犯錯，違背了自己的心願，打亂了自己的計劃，這時我們的第一反應可能就是氣憤，接下來可能會大發雷霆，我們大多數人都會如此，然而這樣做根本於事無補，反而還加劇了對方的恐懼，事情也會越來越糟糕。

其實，我們只要能夠忍住一時的怒火，表現得傻一點，反過來寬恕別人，結果就會大大的轉變。

古希臘神話中，有一位力大無窮的英雄叫海格力斯。

有一天，海格力斯在山路上行走時，發現路中間有個袋子似的東西很礙腳，便踢了它一腳。結果那東西不但沒有被踢開反而膨脹起來，海格力斯有點生氣，便狠狠踩了一腳想把它踩破，哪知道那東西不但沒踩破反而又膨脹了許多。海格力斯惱羞成怒，撿起一根粗木棒狠狠地砸了起來，結果那東西竟然加倍的膨脹，最後大到把路堵死了。

這時一位聖人路過，連忙對海格力斯說：「朋友，快別動它，忽略它，離開它遠去吧！它叫仇恨袋，你不犯它，它便小如當初，你的心裡老記著它，侵犯它，它就會膨脹起來，擋住你前進的路，與你對抗到底！」

我們對別人的埋怨和憎恨，正如海格力斯所遇到的那個袋子，一開始很小，如果妳忽略它，它就會自行消亡；如果妳老是想著它，它就會在心裡不斷膨脹。人的心中一旦充滿了仇恨，就再也裝不下別的東西。這種狀態下，人最容易失去理智，在怒火的指引下做出讓自己後悔莫及的事情。

也許原諒、忽略別人的過失還比較容易做到，但是在受到攻擊的時候，想要保持淡然的態度就比較難了。很多女人會以爲，對別人的攻擊置之不理會讓人覺得自己好欺負，這正是弱者的想法。

生活中不乏喜怒哀樂，我們要學會做一個聰明的傻女人，對於別人的攻擊、對於那些痛苦的記憶，學會一笑置之，這種人生態度讓我們能夠放下過去的陰影，輕鬆的享受在今天的陽光裡。人生在世不過短短數年，要視寵辱如花開花落般平常才能不驚；視名利如雲卷雲舒般坦然才能無意。

一個豁達的女子，會把瑣碎的日子過得厚重，風度不僅在成功的時候要有，失意時更需要有，因爲成功時的風度未必會使人永遠成功，而失意時的沒風度卻一定會導致失敗。

正如席慕容的《禪意》所說：「生命原是要不斷的受傷和不斷的復原，世界仍然是一個，在溫柔的等待著我成熟的果園。當我們認真理順曾經的苦澀、不幸與失落時，發現每一次傷害都促進了成長、每一次挑戰都提醒了自知、每一次遺棄都教會了獨立、每一次跌倒都強化了雙腿。許多我們傾盡心力都無法得到的東西恰恰存在於失敗和痛苦之中，看似千回百轉蜿蜒曲折，倘佯其間，也能擷取讓自己快樂的因素。」

妳領會到其中的禪意了嗎？妳不可能讓所有人都滿意，別人不喜歡妳，並不一定就是妳的錯。面對別人的攻擊，過於敏感、過於在乎，只能給自己留下滿腹的怨氣和憂傷，給別人留下小家子氣的印象。妳要做一個聰明的「傻」女人，所以，別做這種徒勞無益的事。

愛黛兒最近遇到一件麻煩事。去年，有位寫文章的姐妹關了部落格的留言板。愛黛兒問起緣由，她說有人到她部落格裡中傷她，以最惡毒的語言和捕風捉影的事情。

當時愛黛兒並不是很理解，覺得怎麼會有這樣的人？所以就勸導那位姐妹——清者自清。

可惡的是，同樣的是非也落在了她的頭上，愛黛兒不停刪除無中生有並帶有人身攻擊的留言，最後也只好關閉留言板。

想了許久之後，愛黛兒笑著寫了一篇新的文章：「用別人的錯誤懲罰自己，千萬別生氣。」寫那些文字的時候，愛黛兒真的在微笑。編造那樣的事情是需要勇氣的，因為在編造的過程中，良心難道就真的安寧嗎？

由於是匿名，愛黛兒不知道是誰，也不想查清楚或者猜測，愛黛兒之所以寫下這篇文字，出於兩個原因。

一是不願意讓做這件事情的人增加自己的罪惡，那樣的攻擊，並且是沒有一丁點真實度的攻擊，即使傷害了自己，那麼始作俑者就真的快樂了嗎？她只不過是一個用心寫字的人，文字對她如同生命，能因為那樣的辱罵就放棄了寫字，等同於放棄了自己的生命嗎？她不能。換言之，倘若能，因為那樣編造的故事，那樣惡毒的謾罵，放棄了生命，上帝會原諒她，寬恕製造罪惡的人嗎？

二是寫給編造事情、惡毒謾罵的人。愛黛兒說：「我要自己對所有的人充滿理解和寬容。即使是傷害我的人。我不知道你究竟是誰，我也沒有傷害過誰，但是你那樣的作為讓我感覺到你心態的扭曲。我只想說，將心比心，善待別人。倘若你是我，被莫名其妙的攻擊傷害，一切的謾罵話語都是無中生有，你會怎麼樣？這個世界上的人們活得都很累，就不要再讓自己的無聊給自己增加累贅了。希望我們都善待別人，即使我們受到攻擊，也要記得保持微笑。」

愛黛兒在處理這件莫名攻擊事件中的態度，令人欣賞。那麼，所謂女人的豁達，就是如此。在知道自己失去了東西之後，在知道自己被傷害了之後，還能夠用一種開放的，快樂的心態來對待自己的生活。我們生活中每天都有個人恩怨產生，這意味著妳深刻瞭解人性的弱點，因爲正是人性的弱點，才會帶來個人的恩怨，才會帶來不如意的事情。

我們並非完人，也不是神，不如意的事情總會出現在我們的身邊。我們要以寬容的態度來對待別人。有的人心胸狹窄，有的人小氣，有的人愛面子，有的人自私，妳要知道這是人間最正常的事情。但是妳不能因爲別人自私，自己就自私，不能因爲別人都要面子，自己也要面子，否則，妳就不能達到瀟灑與豁達的境界。

瀟灑與豁達的境界意味著妳能超越別人，但是又能原諒別人；瀟灑與豁達的境界意味著妳能夠部分的擺脫人性弱點，並且在這基礎上以超然的態度來對待周圍的人和事。

像許多人都喜歡的劉若英，就是一個溫暖而豁達的女人。很多人喜歡她，緣於她的親近、知性、豐富還有她的豁然與達觀。當然，還有她對別人的寬容和對莫名其妙攻擊者的微笑——給別人微笑，自己也愉悅。

# 與其僵持不下，不如以退為進

人，尤其是女人，總容易斤斤計較，分不清楚輕重緩急。女人在小事上計較也就罷了，關鍵是不要激進，尤其在夫妻相處之中，女人更需要分清重輕，知道什麼時候退，什麼時候進。許多時候，退是爲了更大步的進。

女人要分清場合，要學會以退爲進。如果自己的男友或老公犯了錯誤——只要不是原則性的錯誤，基本上以教育爲主，說明白利害關係就好。相信現在知性的女性選擇的老公也不會是不可理喻的那種，把事情說明白了，自己消了氣，然後給老公留條後路，讓他在溜出去的同時還心存感激，別覺得自己今天退了一步就丟面子了，其實正是因爲妳看似寬宏大量的態度才讓婚姻更穩固，老公會更感恩。

從小姍姍就是個大剌剌、沒心機的人，周圍的朋友常說，妳這脾氣結婚以後非常吃虧。聽多了，她心裡也不免有些嘀咕。姍姍不久後就結了婚，婚後第一次吵架，原因很簡單，是為參加親戚的婚禮該送多少禮金的小問題。她主張多送些禮金，因為自己剛結婚，剛加入這個家庭，老公卻說和其他親戚保持一致比較好。

事後想想，還是老公考慮得周到些，但當時，姍姍一心只想著對自己言聽計從的老公，怎麼突然間就和她針鋒相對起來，心裡傷心又氣憤。姍姍賭氣衝進臥室，鎖上門，任老公在外面如何敲門，就是不理不睬。老公自討沒趣，也生氣的坐在客廳裡不說話了。沒過多久，她突然想起還要去參加婚禮，就急忙找首飾、換衣服，但背後的拉鏈卻怎麼也拉不上，急得她拉開門就喊老公，老公這次比任何一次都跑得快，一腳皮鞋一腳拖鞋就衝了過來。

等她把拉鏈拉上，姍姍才突然想起自己正和他生氣呢！正想繼續板臉，老公在一邊笑呵呵的問：「老婆還有什麼吩咐？」看他這樣的態度，姍姍自然也就無法再生氣了。結果，兩人心平氣和地坐下，繼續剛才吵架前中斷的話題，這回他們決定採取折衷的方案，事情就這樣皆大歡喜地解決了。

事後，老公真心誠意的對姍姍說：「老婆，謝謝妳給我一個台階下！」弄得姍姍哭笑不得。第一次吵架就這樣不了了之。從此，老公總喜歡對朋友這樣吹噓：「我老婆生氣絕對不會超過十分鐘，而且絕不記仇，我們家的『戰爭』都是速戰速決。」

姍姍聽到後質問他，他卻振振有詞地說：「其實，夫妻吵架哪裡會有多嚴重的事，又不是原則問題，吵過就忘，不是嗎？老婆，我最欣賞的就是妳這大剌剌的個性，每次吵架就跟風吹帽似的！」經老公這麼一說，姍姍竟也洋洋得意起來。其實，姍姍老公的話還是有道理的，十幾年過去了，他們家雖然還不時的上演「速戰速決」，但卻絲毫沒有遺留下「戰爭」過後的傷痕，整個家庭也一直在幸福的軌道上前進。女人學會以退為進，自己也會快樂，別人也快樂，何樂而不為？

而在社會生活中，我們免不了和各式各樣的人打交道，也免不了會出現衝突，產生不愉快的事。一旦遇到這種情況，如果讓衝突激化，那事情就有可能無法收拾，妳也可能因此失去一個朋友，而多了一個敵人。最好的解決辦法就是寬容彼此，雙方都能主動退一步，化干戈爲玉帛。

女人要學會寬容，因爲寬容是胸襟寬廣，爲人處世的一種態度，寬容也是最好但卻無形的教育。人和人相處，免不了有矛盾、免不了有摩擦，如果兩個人都互相較勁，誰也不肯退一步，就好比兩隻同時走上獨木橋的山羊，誰也不願意先退回去，就這麼僵持著，然後因爲互相爭鬥而兩敗俱傷。

懂得寬容的女人，有著討喜的個性，她們不會爲一點小事就發脾氣，爲一點矛盾就鬧情緒，更不會輕易和別人起衝突。因爲沒有人會喜歡事事吹毛求疵的女人，寬容不僅是解決衝突的良藥，而且會讓女人有更迷人的個性。

「退一步海闊天空」多麼動聽的一句話。沒有什麼事情非要弄到兩敗俱傷不可，退一步不是讓妳放棄原則，該堅持的原則就要堅持，但是在人和人之間的相處上，不必事事爭輸贏，主動退一步，表現妳對對方的寬容，以退爲進，才是解決問題的最好方法。

# 即便不如意也能快樂

小蓉和淑君是同事，假日相約一起去山頂看日落。剛過中午，她們兩個人就整裝待發，帶上了充足的飲料和食物，朝著山頂走去。那天遊客眾多，山路上絡繹不絕。

這座山很高很大，而且觀看日落的地方正是一個懸崖峭壁的頂端，山路曲折蜿蜒，突出來的山峰有時能把太陽遮住。小蓉和淑君一開始還很有力氣，毫不停歇，但山路的崎嶇也漸漸讓兩人感到艱難。到了高處的時候，她們不得不走一段歇一段。走了很久，群山遮住了一切，她們看到離山頂還有好一段路要走，也不知道太陽是不是落山了，就問下山的人：「山頂還能看落日嗎？」

「能啊，」下山的遊客回答道，「正好是時候呢！」

二人一聽很高興，頓時精神來了，鼓足了勁朝山頂攀去。又過了不知道多久的時間，終於到達了山的頂峰。

可是小蓉卻發現，太陽早就落山了，暮色已經籠罩在四周，小蓉非常懊惱，忍不住抱怨，出發時的興奮一掃而光，沮喪的不得了，忽然她聽見淑君不停的讚美聲，很納悶：「妳這個人真是的，白白爬上來，日落看不到了，還這麼高興。」

淑君說：「是啊，日落是看不到了，但是我看到了滿天的星斗，朝我們眨眼睛呢！我好久沒有看到這麼多星星了啊，真亮！妳看，我們花這麼多時間爬山，總算沒有白白浪費。」雖然錯過了太陽，可是收穫了繁星。

小蓉只顧抱怨，抱怨山高路遠，抱怨白白浪費時間，於是她這次爬山也就成了一次不愉快的行動了，違背了起初的原意：「看日落不就是為了散心嗎？」因為沒有看到日落而沮喪萬分的小蓉，抱怨著不如一開始就不要上來；反觀，淑君心態平和，懂得欣賞生活，雖然沒看到絢爛的落日奇觀，但也看到了滿天繁星閃爍，星光耀眼的美景，不也是很好嗎！不也達到散心怡情的目的了嗎！

即便事情和自己預期的不一樣，傻女人也照樣可以快樂。是啊，上帝關上一扇門的同時，也爲妳打開了另一扇窗。但有時候，我們的心太小，被自己的目標牽引得太緊了，沒有放鬆的餘地，看不到那扇閃著智慧的窗。這樣一來，原本屬於自己的快樂也從我們身邊溜走了。

人生如杯中水，濁與清在於自己。生活中煩心的事很多，但它們正如空氣中的灰塵，如果妳慢慢的、靜靜的讓它們都沉澱下來，用廣闊豁達的胸懷去容納它們，就會平靜，如果妳太在意，整天都糾纏於這些小事不得安寧，那麼終究會使滿杯水都攪動而越來越混濁。沉澱心靈的塵埃，擁有豁達的心胸，會使妳的心靈更加清澈。

剛上高中的小雅對班主任非常不滿，總是抗拒並排斥他的要求和教導。

一天，姑姑將她找來，問道：「聽說妳對老師不以為然，說說看，妳對他有什麼不滿？」小雅抓住機會，就開始數落老師的不是，一直說了半個小時。

姑姑並沒有打斷她，而且不斷要她再舉幾個例子，直到她想不起來還有什麼例子可以證明老師的可惡時，姑姑就說：「妳講完了，現在可以換我講了嗎？」小雅點點頭。

姑姑說：「妳的個性是屬於黑白分明、嫉惡如仇型的人。」小雅滿意地點頭說：「姑姑，您還真是瞭解我，說得真準，我就是這樣的人！」

姑姑笑了笑，接著說：「可這世界是一半的。妳看，天和地，男和女，善和惡，都各佔一半。當太陽緩緩落下，月亮就冉冉升起；當春和夏日過去，秋風冬雪就到來。獲得與失落、誕生與逝去、歡笑與悲苦，什麼都是各佔一半。很可惜，妳擁有的不是完整的世界。」

小雅聽了之後，愣了半晌，接著就問：「姑姑，為何我擁有的是不完整的世界？」

「因為妳要求完美，只能接受完美的一半，不能接受殘缺的另一半，所以妳擁有的，是不完整的世界，毫無圓滿可言。」小雅頓時不知所措，困惑的問：「那我該怎麼辦才好呢？」

「試著接受與包容。」姑姑寫了個「大」字，「要度量大。」

小雅回去反省後，發現原來是自己度量太小，只看到班主任的短處，而看不到他的優點，其實老師一直都在包容她的過錯。從那一天起，她開始改變自己的人生態度，學習接受另一半不圓滿的世界。

妳呢，是不是也愛恨分明，對一些事情深惡痛絕，毫無轉圜的餘地？

妳認爲，對的就是對的，錯的就是錯的。但妳有沒有想過，對與錯的標準是自己訂的。這個世界上到處存在辯證法，執著與一己之見的妳，心胸還不夠寬大。

心大了，世界也就大了。當妳不再囿於一方侷促狹小的空間中時，不僅會成爲一個豁達的女人，更能成爲一個睿智的女人、快樂的女人、聰明的女人。

# 從不記得曾經的傷痛



英國一間保險公司曾從拍賣市場買下一艘船，這艘船一八九四年下水，在大西洋上曾遭遇一百三十八次冰山，一百一十六次觸礁，十三次起火，兩百零七次被風暴扭斷桅桿，然而它從沒有沉沒過。

保險公司基於它不可思議的經歷及在保費方面帶來的可觀收益，最後決定把它從荷蘭買回來捐給國家，現在這艘船就停泊在英國薩倫港的國家船舶博物館裡。

不過，使這艘船名揚天下的卻是一名來此觀光的律師。當時，他剛打輸了一場官司，委託人也於不久前自殺了。儘管這不是他第一次辯護失敗，也不是他遇到的第一起自殺事件，然而，每當遇到這樣的事情，他總有一種罪惡感。他不知該怎樣安慰這些在社會上遭受了不幸的人。

當他在薩倫船舶博物館看到這艘船時，忽然有一種想法，為什麼不讓他的委託人來參觀參觀這艘船呢？於是，他就把這艘船的歷史抄下來和這艘船的照片一起掛在他的律師事務所裡，每當商界的委託人請他辯護，無論輸贏，他都建議他們去看看這艘船。他想告訴大家在海上航行的船都是帶傷的，人們也慢慢懂得了這個道理，這艘船也名揚天下了。

我們在生活中同樣不可能會一帆風順，難免會有傷痛和挫折。船沒有因爲有傷就沉於大海，而是更加堅強的在海上航行。同樣，人的一生要經歷過無數的風雨，無數次的跌倒和受傷。看看我們小時候是如何學會走路的，我們一邊學走，一邊摔倒，我們沒有因爲摔倒了，就長哭不起，就拒絕走路。相反，兒時的勇氣是巨大的，無論摔得多麼疼，哭一下子，以後還是要繼續走，甚至第二天就把昨天摔跤的事情忘記了，或許這就是人堅強的本性。

長大之後，這種本性是依然存在，可是變得「聰明」的我們，總是對曾經的傷痛念念不忘，很少有人能像傻氣的孩子一樣健忘、一樣勇敢。

可是，人生的傷痛是免不了的，而且有太多太多的事情都是導致痛苦的根源，朋友分離、親人逝世、失戀、事業失敗等等。這些事情都是在我們生活上可能遇到，而且有些是必然遇到的。遇到了之後我們肯定會有許多難言的苦痛，沒有心思再做別的事情。

可是不管多大的傷痛，都還是要活下去的。如果長時間這樣下去的話，以後的生活都將不能正常進行。所以，有時候，健忘是好事，我們要學會忘記過去的痛苦，開始新的生活。當然，我們說忘記過去的痛並不是說我們要完全的忘記了那些事情、那些人，而是要從痛苦中走出來，化悲憤爲力量，學會調節自己的情緒，活得更加堅強。

一個女孩失戀了，被自己相戀幾年的男朋友拋棄了，於是她想不開了，為什麼會這樣呢？難道自己真的那麼沒有吸引力嗎？

從此她什麼事情都做不下去，不管朋友、家人如何勸說都沒有用，她一個人沉浸在自己的痛苦裡面不能自拔。慢慢地，她開始埋怨父母把她生得不好，怪朋友沒有給她好的建議，父母因此傷心不已，朋友也漸漸疏遠她了；工作上她更是沒有心思，不久也被老闆請回家休假了。她覺得世界上的人都在和她做對，沒有人真正關心她的生活，走在路上大家都躲著她，人間沒有溫暖存在。就這樣，她越來越鬱悶，越來越痛苦。

後來某天，她突然從鏡子裡面看見自己的模樣，當時她都認不出自己了，鏡子裡面的自己臉色蒼白，像個怨婦、像個幽靈，模樣恐怖猙獰，嚇了自己一跳。曾經活潑可愛的自己到哪裡去了呢？如果在外面看見這樣的人，恐怕會尖叫了吧，誰還敢靠近自己呢？慢慢回想自己的所作所為，她感到非常後悔。

她決定要改變自己的樣子，不要再去想以前的事情，都已經過去了就回不來了，未來才是最重要的。因此她開始從自己的容貌上打扮自己，再改變自己對家人、對朋友、對工作的態度，再也不怨天尤人了，臉上開始有了微笑，慢慢生活上了正軌。在和前男友認真的交談了之後她認識到自己以前的壞習慣，並下決心改掉它，改掉痛苦的根源。

當然就像任何一個美好的故事一樣，她後來找到了自己的幸福。故事中的女主角到現在都隨時提醒她認識的人，不要太過於關注自己的痛苦，沉迷於其中將被它吞噬，看不到自己的未來。要勇敢的走出來，忘記它，記取教訓，展開輝煌的未來，過去的已經隨著時間溜走了，將來是漫長的，不好好把握的話也會悄悄溜走。

能快速從各種挫折中恢復過來的人，往往都是生活的強者，他們快速適應各種環境，他們能化各種條件爲力量來增強自己。他們不怕失敗，不怕各種艱難的環境，無論遭遇怎樣的情景，他們都能好好的活著，讓自己充實而幸福的活著。

在人生道路上，或許荆棘叢生、或許障礙重重，可是所有的這一切都是可以戰勝的，關鍵在妳是否具備了戰勝它們的決心。昨天的荆棘叢林已經走過，即使傷痕纍纍，也不能代表我們無法跨越。勇敢的走下去，忘記昨天的傷痛，妳才能重裝上陣。

沒有什麼事情是大不了的，總有一天，妳遇到所有的事情，外界的期望、所有的尊榮、對尷尬和失敗的懼怕，這一切在面對死亡的時候，都將煙消雲散，只留下真正重要的東西。對於很多具有消極、悲觀、感性的女人來說，健忘也許是很好的特質。當我們像一個大刺刺的傻女人那樣過濾掉那些不愉快的記憶時，妳的人生將是一路的歡歌笑語。

## ★ 當我們擁有愈多，付出竟然愈少　心靈典藏 07

不要對別人求全責備，要懷有感恩的心，感激別人對你提供的一切方便。想保持自己的幸福和喜悅，就必須與別人分享美麗，與大家共同培植幸福。

在別人有困難時，伸出手拉他一把，也許是爲自己的前途鋪平道路。

不管遇到什麼情況，先不要輕易的責怪別人。如果能設身處地的去考慮問題，對別人多一些同情和瞭解，就能避免許多誤會，也能避免給別人帶來傷害。

## ★ 懂得放下，才知人生多漂亮　成長階梯 35

你所具有的最重要的資本就是人生態度。

實現夢想的重要條件，就是願意付出必要的努力。

你對目標的態度，而不是你的智能，決定你成就的高度。

把握好今天，我們才擁有一個真實的自己。

## ★ 你！這樣說就對了：看穿人心的說話技巧　社會大學 19

在現實生活中，說真話往往沒有比說謊話容易被人稱作老實。只要你說的這個謊話對別人有利，那麼別人必定會說你很老實。從另一個角度來看，有些人之所以喜歡聽好聽的謊話，主要是因爲他們寧願你說謊話欺騙他，也不想聽到會讓他心裡受到傷害的真話。

或許，就是因爲這些緣故，我們經常會被迫說出某些自己根本不想說的應酬話，不得不睜著眼說瞎話，不得不說上一些連自己都不可能相信的「鬼話」。

TALENT Tool

大大的享受拓展視野的好選擇

大拓 Talent TooL

線上購物網

www.foreverbooks.com.tw

謝謝您購買＿＿＿＿＿＿＿＿＿＿＿＿＿這本書！

請詳細填寫本卡各欄，對折黏貼寄回。歡迎加入會員可享有購書優惠價，並可不定期收到本出版社之最新資訊。

您也可以使用傳真或是掃描圖檔寄回本公司信箱，謝謝。

傳真電話：（02）8647-3660　　信箱：yungjiug@ms45.hinet.net

☺ 姓名：＿＿＿＿＿＿＿＿　□男　□女　　□單身　□已婚

☺ 生日：＿＿＿＿＿＿＿＿　□非會員　　□已是會員

☺ E-Mail：＿＿＿＿＿＿＿＿　電話：（　）＿＿＿＿＿

☺ 地址：＿＿＿＿＿＿＿＿＿＿＿＿＿＿＿＿

☺ 學歷：□高中及以下　□專科或大學　□研究所以上　□其他＿＿＿＿

☺ 職業：□學生　□資訊　□製造　□行銷　□服務　□金融

□傳播　□公教　□軍警　□自由　□家管　□其他＿＿＿＿

☺ 您購買此書的原因：□書名　□作者　□內容　□封面

□版面設計　□其他＿＿＿＿

☺ 建議改進：□內容　□封面　□版面設計　□其他＿＿＿＿

您的建議：＿＿＿＿＿＿＿＿＿＿＿＿＿＿＿＿

廣告回信
基隆郵局登記證
基隆廣字第57號

新北市汐止區大同路三段一九四號九樓之一

# 大拓文化事業有限公司收

請沿此虛線對折免貼郵票，以膠帶黏貼後寄回，謝謝！

想知道大拓文化的文字有何種魔力嗎？

- 請至鄰近各大書店洽詢選購。
- 永續圖書網，24小時訂購服務
  www. foreverbooks. com. tw
  免費加入會員，享有優惠折扣
- 郵政劃撥訂購：
  服務專線：(02)8647-3663
  郵政劃撥帳號：18669219